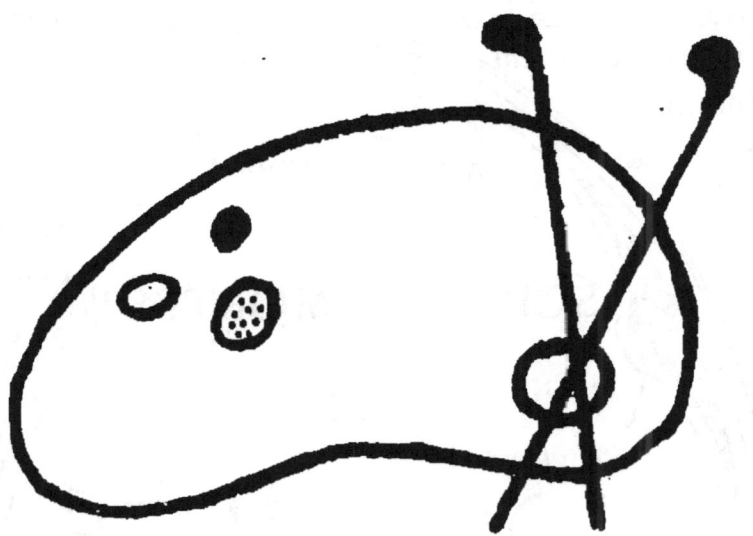

Couvertures supérieure et inférieure
en couleur

CHAMUEL, ÉDITEUR
5, RUE DE SAVOIE, 5
PARIS

J. PELADAN. — **Comment on devient Mage**, beau vol. in-8º carré avec portrait héliogravé . . . . 7 fr. 50

— **Comment on devient fée**, beau vol. in-8º carré avec portrait héliogravé . . . . 7 fr. 50

— **Comment on devient Artiste**, beau vol. in-8º carré avec portrait inédit . . . . 7 fr. 50

— **Le Livre du Sceptre**, beau vol. in-8º carré . . . . . 7 fr. 50

— **Babylone**, tragédie en 4 actes, beau volume in-4º couronne. 5 fr. » »

— **La Prometheide**, Trilogie d'Eschyle restituée, beau vol. in-4º couronne avec portrait en taille douce . . . . . . 5 fr. » »

— **Le Prince de Byzance**, drame en 4 actes, vol. in-4º couronne. 5 fr. »»

— **La Queste du Graal**, proses lyriques de l'éthopée, la décadence latine, vol. in-16 orné de belles gravures . . . . . 3 fr. 50

— **Le Vice Suprême**, vol. in-18 jésus . . . . 3 fr. 50

— **Istar**, vol. in-18 jésus . . . . 3 fr. 50

— **Typhonia**, vol. in-18 jésus . . . . 3 fr. 50

— **Le Dernier Bourbon**, vol. in-18 jésus . . . . 3 fr. 50

— **Science, Religion et Conscience**, br. in-18 jésus de 100 p. 0 fr. 75

PAPUS. — **Traité élémentaire de Science occulte**, 5e édition, revue et augmentée, vol. in-18 jésus de 456 p. avec nombreux dessins 5 fr. » »

— **Traité élémentaire de Magie Pratique**, vol. in-8º raisin de 560 pages avec 158 figures planches . . . . 12 fr. » »

— **Magie et Hypnose**, vol. in-8º carré avec gravures . . . 10 fr. » »

— **Martinés de Pasqually**, vol. in-18 jésus . . . . . . 4 fr. » »

— **L'Ame humaine avant la naissance et après la mort**, brochure in-18 jésus avec dessins . . . . 1 fr. 50

ELIPHAS LÉVI. — **Le grand Arcane ou l'Occultisme dévoilé**, vol. in-8º carré de 420 pages . . . . 12 fr. » »

— **Le Livre des Splendeurs**, beau vol. in-8º . . . . . 7 fr. » »

A. de ROCHAS. — **Extériorisation de la Sensibilité**, beau vol. in-8º carré avec gr. sur bois et 4 pl. lithographiées en couleurs . . 7 fr. » »

— **Extériorisation de la Motricité**, v. in-8º carré avec dessins. 8 fr. » »

AMPHITHÉATRE DES SCIENCES MORTES

V

L'OCCULTE CATHOLIQUE

ÉLENCTIQUE

Je crois et je proclame que l'Église Catholique, Apostolique, et Romaine est la Vérité. Je fais profession d'en être le fils, et je lui promets mon intelligence et mon sang.

Je reconnais l'infaillibilité du pape prononçant sur le dogme « Ex cathedra » et « Urbi et Orbi ».

Quoique ma conscience et ma science ne me reprochent aucune hétérodoxie, je suis prêt à brûler mon œuvre, de mes propres mains, si Pierre l'infaillible la jugeait mauvaise ou intempestive.

S. M. J. P.

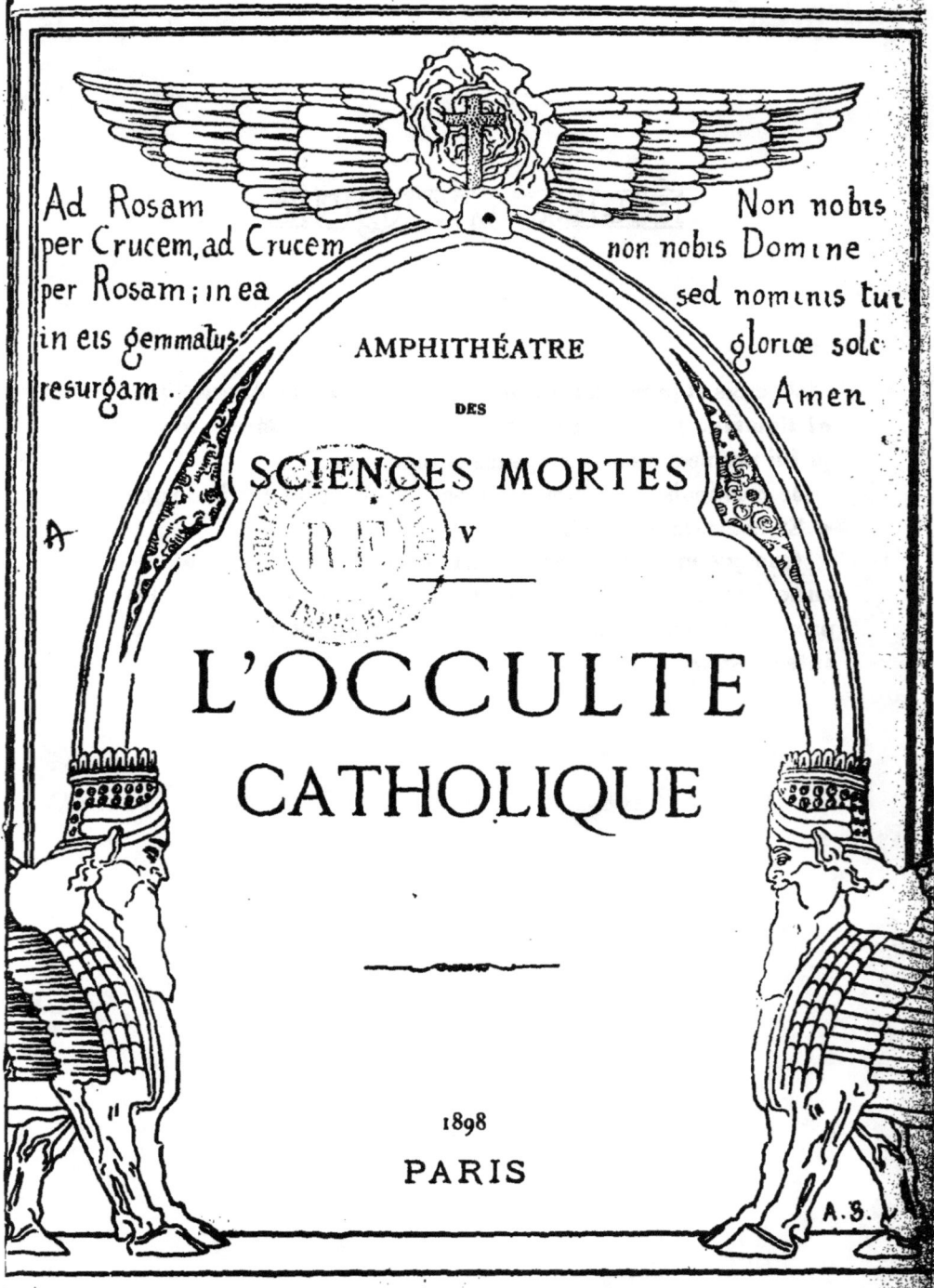

Ce cinquième traité de
L'AMPHITHÉATRE DES SCIENCES MORTES
a été annoncé sous le titre de
COMMENT ON DEVIENT CATHOLIQUE

A LA MÉMOIRE

DE

STANISLAS DE GUAITA

Cher Adelphe,

C'est ainsi que je T'appelais, dans la dédicace de mon troisième roman, l'Initiation Sentimentale.

Tu n'avais encor publié que Ton Seuil du mystère, mais j'augurais que dans cette voie, Tu allais immortellement marcher !
« ..... Le Merodack du Vice Suprême, Te l'a montrée — disais-je — : laisse-moi cher Adelphe, me vanter, comme de la meilleure gloire, d'avoir éveillé en Toi, le Mage qui sommeillait. »

Laisse-moi m'en souvenir, aujourd'hui, en offrant ce livre à Ta mémoire, tendre souvenir à l'ami, profond hommage au Kabbaliste.

La dédicace du roman « c'était la salutation pentaculaire d'une amitié où la communauté des études et l'identité des aspirations, illuminaient de sérénité, les dévouements du cœur. »

Comment de vaines gens, des choses vaines ont-ils ralenti, refroidi, en apparence éteint « cette chose forte et grande » dont je témoignais orgueilleusement, notre adelphat? Les quelques points de doctrine, prétextes qu'on employa pour nous séparer, ne valaient pas une causerie de notre amitié.

Car Tu fus, un bon ami, un noble ami, et Ton cœur était magnifique, comme Ton intelligence. Dans mon regret, Tu n'as pour compagnie que le grand Barbey d'Aurevilly et le cher et malheureux Armand Hayem.

A la Renaissance des sciences mortes, Ta physionomie restera inoubliable, comme Ton œuvre; Tu fus, pour tous, le gentilhomme de l'Occulte.

Ce n'est pas lieu de dire les mérites insignes de Ton œuvre : le serpent de la Genèse est un des monuments de la Magie.

Armand Hayem, l'auteur du Don Juanisme ce pendant au Dandysme de d'Aurevilly a laissé, une œuvre considérable; un seul ouvrage a été publié : Vérités et Apparences.

Nous attendons depuis HUIT années la publication du Traité de l'Amant, son chef d'œuvre et un chef d'œuvre !

C'était sa volonté que son œuvre fut publiée et la volonté des morts est sainte et terrible. Malheur à qui la viole.

En cette heure où l'ignoble antisémitisme sévit, ne serait-il pas commandé à l'intérêt de race de mettre au jour les œuvres du plus latin du plus français, du plus séduisant esprit que jamais les Juifs aient pu revendiquer : je confie mon vœu d'ami pieux à l'esprit de race !

DÉDICACE

Je n'ai voulu que récrire Ton nom dans mon œuvre, parce que je T'aimais; et que maintenant, je Te vénère.

Ta mort prématurée a assuré toute la purification de Ton devenir, et Tu es, élu, à cette heure : je me recommande encor à Ton amitié, devenue céleste, en témoignant de celle qui nous unit longtemps et qui nous réunira, j'espère, dans l'éternité.

Ainsi soit-il  Sar Peladan.

INTRODUCTION

Celui qui rénove un thème d'idéalité, est-il responsable des déformations que subit sa pensée, dans le cerveau d'autrui ?

La loi divine ne fait point une innocence de l'inconscience ; et le Karma intellectuel reflue sur l'écrivain les virtualités ou les perversions qu'il a déchaînées.

Nul de ceux qui ont œuvré, n'aura d'autre devenir que sa propre conception ; au-delà de la vie terrestre, David Téniers a retrouvé ses ivrognes et Fra Angelico ses anges.

Mais l'au-delà ne comportant pas de magots, il se pourrait que la vulgarité soit un péché mortel, qui précipitât son prophète à l'enfer ou au néant.

L'expiation du délit privé ne sera qu'une peine modérée auprès du péché formidable, l'entêtement contre la vérité établie, qui déroule un chapelet de conséquences effroyables.

Toutes les mauvaises pensées nées d'un livre sont au compte éternel de son auteur et de très grands génies, tels que Racine, ont tremblé à cette notion.

« L'occulte catholique » est non pas une palinodie, mais une ampliation méditée qui précise la doctrine de l'amphithéâtre des sciences mortes et apaisera sans doute les consciences troublées.

En 1880, le Mage, l'homme pensant, vivant, agissant selon le déterminisme occulte, n'existait pas, dans la représentation littéraire.

« Le Vice Suprême », révéla, sous les traits de Mérodack, un idéal de la personnalité, nouveau à force d'anciennneté.

Depuis 1880, la matière occulte a vu pulluler les étudiants ; Eliphas Levy et Lacuria, le premier surtout, devinrent des chefs d'école posthumes : et aujourd'hui, la magie désormais familière, usuelle, parisienne, a ses journaux, ses éditeurs, ses confréries, elle est officielle et reconnue d'utilité cérébrale.

La même réputation qui, il y a trois siècles, menait au bûcher, ouvre aujourd'hui les portes les plus qualifiées et s'accommode avec les fonctions publiques ; les futurs Paracelse trouvent leur chemin de Damas sous les galeries de l'Odéon : l'occulte est désocculté autant qu'il peut l'être.

Ici, les Matho violemment ; là, de plus conscients et respectueux ; beaucoup portent une main téméraire ou pieuse sur le voile d'Isis : chacun en arrache un morceau : sa part dans le grand pillage du mystère.

Ceci est un constat et ne juge pas un mouvement qui réunit de notables esprits : mais la déesse polyonyme n'est plus vêtue que sa propre beauté ; elle pourrait dire comme l'Istar du texte kaldéen.

« Pourquoi m'as-tu ôté les sept vêtements de ma pudeur ! »

On m'a accusé d'avoir voulu inventer l'Occulte, au lieu de l'étudier.

L'homme de génie est celui qui trouve la forme durable d'une vérité ; l'homme de bonne volonté recherche seulement sa forme actuelle. J'ai donc cherché la formule moderne de la tradition, en abandonnant la pompe de la clavicule et le pittoresque du Grimoire : cette entreprise sage, rationnaliste a trouvé de systématiques détracteurs.

D'Aurevilly, cet admirable homme, le dernier qui fut grand dans l'intimité, ce survivant de toutes les aristocraties mortes et qui fut, un génie d'amitié comme de lettres, me l'avait prédit, en me donnant les éperons. « Il y a, une triple raison, pour que le scandale soit la destinée des livres de Peladan. L'auteur du Vice Suprême a en lui les trois choses les plus haïes du temps présent. Il a l'aristocratie, le catholicisme et l'originalité. »

Je ne retiendrai qu'une des trois choses, le catholicisme ; je viens lui rendre, par ce livre, ce qui lui appartient et qu'on lui conteste injustement.

La tradition à sa plus belle époque, était orale : tous les textes que nous avons sont d'une rédaction bien postérieure à la vie de leurs auteurs. C'est aux temps troublés que le Verbe ancien s'est écrit : il garde un caractère scolastique où l'image trop ancienne obscurcit l'idée.

L'imprimerie en diffusant toute chose n'empêchait pas les réticences et les obscurations ; l'écrivain de magie craignait persécution, et comme Rabelais a voilé de grotesques ses livres maçonniques, les hermétistes ont accumulé symboles sur symboles, afin que la Gnose passât sans être découverte.

Persécutés par l'Eglise et cependant d'esprit très dévotieux, ils transportèrent dans la Magie la pratique religieuse et crurent suivre la Tradition. Les anciens mages étaient prêtres ; les mages modernes ont cru l'être, *secundum ordinem Melchissedec* : et ils ont usurpé, justifiant, dès lors, les anathèmes du clergé. Les facultés diffèrent étrangement qui font le mage ou le prêtre, l'occultiste ou le fidèle. Les grands désastres du passé sont nés d'une inconvenance entre l'individu et sa fonction. Fabre d'Olivet, après Herder et Vico, a donné une philosophie à l'histoire ; qui donc lui donnera une morale ? L'humanité, quand elle relit ses annales, voit une chienne enragée qui pâme devant les monstres et qui classe les égregores comme les sauvages, leurs guerriers, par le nombre des victimes. Le militaire, cette négation vivante de toute charité, reçoit l'encens du temple et les louanges du scribe : l'idéal inavoué de la plupart des Français c'est le bandit corse, cet antéchrist, ce vulgaire jacobin auprès duquel les trois cent mille têtes de Marat ne sont que plaisanterie.

Quinze millions d'hommes sont morts pour faire la réputation d'un lieutenant d'artillerie !

Le catholicisme n'a jamais su dire au guerrier qu'il était le capitaine de l'enfer, et Satan visible (le Satan du vulgaire) ; l'occultisme commence son enseignement par le mépris de toute force qui n'incarne pas le Droit et piétine les sanglants lauriers de Nimrod à Victoria.

Les adeptes seront mécontents de voir la religion empiéter sur l'occulte et les catholiques scandalisés qu'on leur montre l'occulte présent dans la religion. Ceux de bonne foi suivront le raisonnement, pour le vérifier avec sincérité.

La Magie, comme la religion, a toujours comporté une théorie explicative du mystère et une pratique corollaire de cette explication.

L'une et l'autre se proposent la perfection de l'homme et basent leur commandement sur le devenir, c'est-à-dire sur les intérêts d'au-delà. Comme la religion, la Magie a des signes, des cérémonies, une ascèse et des dogmes. Dans les deux ordres on croit à la vertu des symboles et on fait des miracles.

Ici, simultanément, les uns pensent au sabbat, aux sorts, à la Goëtie et jugent l'impertinence grande d'assimiler des crimes aux mystères religieux ; les autres, évoquant le souvenir de prêtres inférieurs et de lâches cardinaux, estiment indigne d'un initié, de mêler la routine ecclésiastique à la lumineuse Gnose.

Qu'ils réfléchissent et, au lieu de juger une chose par son état d'excès ou de corruption, au lieu de Torquemada et du maréchal de Retz, qu'ils évoquent saint François d'Assise et Plotin, saint Thomas d'Aquin et Spinosa. Ils verront, malgré la disparité de forme et de méthode, que la matière et l'aboutissement sont les mêmes. Le Mage et le Saint cherchent Dieu et le trouvent en marchant par des voies différentes.

L'imagination intervient au lieu de la raison dans les matières religieuses : il est de son essence d'être mieux séduite par les excès de la foi que par la logique.

L'humaine nature, elle, cherche à retrouver dans la voie divine le même passionnement qui l'avait entraînée aux sentiers profanes. La nécessité pour tous les moralisateurs humains de rendre la vérité émouvante pour qu'elle fût prolifique, les a conduis à des enseignements pratiques où la nécessité du lieu et du moment l'emporte sur le maintien de la doctrine.

Les plus orgueilleux des hommes et parfois les plus justement orgueilleux, les Mages, ont renoncé la connaissance de la vérité pour ne pas avoir su lire dans le phénomène normal la même loi qu'ils ont constatée dans l'anormal. Les dévots, au lieu de concevoir l'application perpétuelle des principes chrétiens aux circonstances de la vie, ont mélangé les meilleurs rites aux plus mauvaises mœurs, et le clergé, suivant en cela l'action reflexe du troupeau, s'enquiert si la poule d'eau est un plat maigre et non si la calomnie est une variété de l'homicide.

Quiconque a une croyance ou une certitude doit l'appliquer à tous les moments de la vie et réaliser incessamment cette âme de ses pensées.

La civilisation appelle acte d'humanité tout mouvement du cœur qui va du fort au faible, du bien portant au malade, de l'homme en sécurité à l'homme en péril. Au contraire, chaque abus de force, chaque affirmation d'égoïsme s'appelle inhumanité.

La conception d'un être donne sa mesure et l'équation de ses potentialités, l'homme civilisé a précisé lui-même ce qu'on pouvait lui demander ; et sans chercher les sources diverses de ses notions, il réalise à peu près le même idéal qu'il affecte par respect humain.

Le cynisme c'est-à-dire la négation du bien n'a lieu que dans des conditions où l'individu renonce à tout prestige ; l'orgueil étant le balancier de l'horloge humaine, il ne cesse son oscillation harmonique que lorsqu'il éprouve l'absolue résistance d'autrui.

Il ne faut pas diminuer l'homme à ses propres yeux ; il n'a que trop de tendance à repousser les entraves morales, et c'est le solliciter à moins valoir que de le persuader de sa déchéance : l'humaine nature ne produit pas de vertu sans enthousiasme préalable. Diminuer l'estime qu'un être a de lui-même, diminue d'autant l'effort moral qu'on en peut attendre. La doctrine religieuse de la grâce, sans danger pour des mystiques convient mal à la pluralité des êtres, l'homme doit faire chaque jour la balance de son dam et de son élection ; il possède les termes d'une algèbre morale, mais les égregores eux-mêmes savent-ils s'en servir ?

Le cardinal Perraud, l'un des quarante, dans le sermon du 10 mai 1897, à Saint-Louis-des-Français dit « : Dieu a permis que les gens les plus titrés de France, réunis pour faire le bien, aient trouvé la mort la plus cruelle, pourquoi ? *C'est* un grand problème insoluble à la raison humaine. »

Un cardinal peut être médiocre, mais il ne doit pas le manifester. L'Eglise a prévu l'incapacité de ses princes, elle leur a préparé des paroles pour obtus, des gestes pour muets, des attitudes pour difformes. Un élève de la doctrine chrétienne, ayant fait quelques narrations saurait qu'en face d'un événement funeste l'homme de Dieu sous peine d'être l'homme de Bicêtre y trouve deux motifs : justice et clémence. L'homme de Dieu justifie Dieu perpétuellement, mais d'une seule façon, en découvrant de la miséricorde dans le châtiment.

Il n'est pas difficile de justifier la vengeance divine frappant des innocents, puisque le sacrifice du Golgotha constitue l'idée permanente dans l'humanité de la victime pure et sans tache, de l'holocauste. Il n'y a donc rien d'embarrassant pour la foi à voir les justes payer pour les coupables, surtout, en manière de mort subite.

A propos de la catastrophe du Bazar de Charité, un père Ollivier, intelligent, aurait simplement dit : « depuis quelque temps le paradis manquait de saints et des martyrs, et le Seigneur s'en est fait comme il a pu , il a recruté des élus par la violence !

« Comme la chorie des purs et des confesseurs était interrompue, il la faut continuer incessante, afin que la miséricorde réponde aux réclamations de la justice. »

Seulement, il aurait fallu de la flamme et une éloquence véritable. Pour le cardinal académicien, le discours était plus facile encore : comme toute abdication de pouvoir est aussi une abdication de devoir, les représentants de la tradition qui ont survécu à cette tradition même sont d'une façon idéale les plus grands coupables et par là désignés au châtiment exemplaire. En outre, l'homme du commun lui-même est plus frappé des malheurs d'en haut que des siens propres.

Toutes les questions de conscience sont des questions d'antinomie, ici l'antinomie existe entre le motif de l'assemblée et son sort. Religieusement, le problème insoluble du cardinal académicien se réduit à ceci : concilier l'acte de charité avec le désastre qui s'en suit. Si les prêtres allaient au théâtre, quand on joue des chefs d'œuvres, ils se souviendraient que le prince de Danemark remet son épée au fourreau devant le roi Claudius, en prière. Car Shakespeare, qui était un autre théologien que l'évêque d'Autun, savait que tuer le roi Claudius en prière c'était le sauver de l'enfer : « la Providence telle que le catéchisme la conçoit, en faisant cet exemple, a voulu que les victimes du fait terrestre fussent en état d'élection céleste et elle les a prises dans des circonstances où l'être mondain est à son avantage éternel. » Le développement de cette idée eût satisfait la conscience chrétienne. Quant à la conscience philosophique, c'est le mage qui lui parle et non le prêtre. Les solutions pathétiques que je viens d'indiquer ne sont pas des solutions logiques. La conception sentimentale de la conscience diffère de sa conception spirituelle. Le dictionnaire de Littré définit la Providence « la suprême sagesse par laquelle Dieu conduit tout » : expression enfantine et indigne d'un dictionnaire. Providence signifie prévoir ; mais par rapport à l'absolu qui n'a ni passé ni futur, prévoir c'est voir : la Providence est donc la permanence de la loi divine. Nous connaissons quelques-unes des lois de la matière et nous sommes troublés chaque fois que cette loi agit en contradiction avec notre sentiment. Que la foudre tombe sur un assassin, que l'auteur d'un attentat périsse dans cet attentat, voilà qui satisfait pleinement la conscience ; mais lorsqu'il y a antinomie entre l'événement et le sentiment; il y a scandale. Bossuet parlant de cette Providence « poussée par Jésus-Christ même jusqu'au moindre de nos cheveux » et Voltaire disant : « je ne crois point qu'une Providence particulière change l'économie du monde pour votre oiseau ou votre chat » sont également dans l'erreur parce que chacun formule mal une vérité qui a deux aspects. Le destin d'un cheveu a pour facteur la loi générale du système pileux, la diathèse de la tête où il végète et cela constitue déjà une série d'actions et de réactions infiniment compliquées. La feuille qui se détache de l'arbre obéit aux lois de la chute des corps dans l'air libre par rapport à son volume. La règle dépasse le monde microscopique : la dernière des molécules manifeste une loi, et Bossuet est justifié de son assertion. Mais Voltaire n'a pas compris par quelle série de cercles concentriques l'infiniment petit se trouve aussi étroitement régi que l'infiniment grand.

L'homme n'est attentif qu'à ses passions qui le mettent hors de l'état philosophique ; son appel à la Providence est un mouvement instinctif de détresse, semblable à une victime qui attend un libérateur. Dans le deuil et la souffrance, l'âme humaine ressemble à l'Elsa de Wagner et il y a des circonstances où Lohengrin ne paraît pas et où Frédéric de Telramund l'emporte, où Siegfried est dévoré par le dragon.

La religion a toujours des explications de l'au-delà à fournir : la vie future donne des thèmes à ses embarras, mais la philosophie, alors même que ses conclusions sont conformes à la théologie, suscite des solutions plus immédiates.

La Providence est le confluent de quatre séries normales et, pour faire la critique providentielle d'un événement, il faut évaluer le point physique, le point animique, le point intellectuel et le point cosmique de la même question.

Les phénomènes sont en raison directe de la subtilité des forces, de leur quantité, c'est-à-dire que cent chevaux, vapeur physique, l'emportent sur cinquante chevaux vapeur animique, vingt-cinq chevaux vapeur spirituelle et treize chevaux vapeur cosmique.

Un saint François d'Assise au Bazar de la Charité eût arrêté ou éteint l'incendie par sa puissance animique, se combinant avec la cosmique. Mais comme l'énormon supérieur était quantitativement en infériorité, c'est la norme physique, la plus basse qui a eu son cours. On ne reconnaît la Providence que dans le miracle, défini niaisement, une dérogation aux lois de la nature comme si la nature n'était pas la création de Dieu et comme si Dieu pouvait déroger à lui même et se dédire.

Le miracle est ce phénomène où qualitativement la loi animique ou spirituelle l'emporte sur la loi physique. Cela est simple et clair comme un problème de géométrie. Supposons trois cordes attachées à un anneau, supposons un homme tirant sur chacune, celui qui opèrera une plus-value de traction entraînera les deux autres — telle est l'image grossière du fonctionnement providentiel — l'homme est au centre de cet anneau, la loi physique, la loi morale et la loi intellectuelle sont autant de forces qui l'entraînent dans des sens divers.

Le sentiment de l'Eglise varie et ne vaut pas sa doctrine. Monseigneur d'Hulst, un des membres les plus intelligents du clergé contemporain, et qui n'a pas été remplacé, m'a écrit sur ces matières une lettre curieuse que je ne cite pas, parce qu'on n'a jamais le droit de publier, pour tous, ce qui a été écrit pour un seul. Il y avait, parmi d'intelligentes choses, cette extraordinaire formule à propos du miracle « mais je réserve la liberté de Dieu ». Cette expression indique l'intervention divine analogue à l'intervention dramatique ; on suppose, comme en littérature, Dieu enfin touché des souffrances de Job, envoyant des anges comme dans le tableau pour le consoler et autres anthropomorphismes. Non, Dieu n'est pas libre de se tromper ni de revouloir après avoir voulu.

Les théologiens eux-mêmes oublient que si le temps a trois modes pour l'homme il n'en a qu'un pour Dieu, les passés et les futurs ne signifient rien, quand il s'agit de lui. La création a été conçue et prévue dans tous ses détails et jusqu'à son complet aboutissement en un seul milliardième de seconde. Le malheureux legs sémitique, cette semaine d'ouvrier avec son repos du dimanche, toute cette contingence inutile posée sur le mystère semble une enseigne d'auberge à la porte du Cenacolo, Dieu n'est conceptible qu'à ce moment de son verbe où il n'est déjà plus qu'une dilution de Lui-même. Prenez un foyer lumineux ou calorique, projetez un rayon : plus la parabole s'éloigne du foyer, plus l'intensité du rayon diminue ; et bien, le point parabolique du Logos où notre esprit atteint est un point relativement bas, puisque nous ne pouvons concevoir ni l'unité de Dieu ni même les archetypes. La loi est aussi multiple que les séries de sa création, nous la suivons plutôt au matériel qu'à l'intellectuel ; et, comment comprendrions-nous exactement notre état de rapport de créature à Créateur lorsque nous ne concevons pas même la science des âmes ou du moins de leur rapport entre elles. L'effroyable infériorité de la théologie morale montre à quel point se limite notre puissance investigatrice. Entre notre impuissance et les résultats d'une véritable application, il y a un énorme écart.

Les éléments critiques du fait se sont multipliés, on peut réunir sur sa table, pour une somme relativement modique, l'exacte figuration des temples divers de l'humanité ; notre époque, mieux que toute autre, permet de comparer tous les éléments d'une critique de doctrine. Ceux qui ont donné à l'Occident la loi de Moïse comme la plus parfaite avant celle de Jésus, ignoraient les lois de Manou qui a été traduit en langue occidentale à la fin du xviiie siècle, et qui n'a paru en français qu'en 1830. « Le chant du bienheureux » était inconnu, il y a soixante ans. Les prêtres, formés dans l'ancienne apologétique, semblent parler une langue oubliée, non pas que le dogme en lui-même soit modifiable, mais, de même que l'ignorance d'Aristote ou la perte de l'Ancien Testament aurait changé toute la succession de la haute culture, la connaissance de nouvelles sources modifie la culture actuelle ; et cette modification ne s'applique pas seulement à la religion, elle s'étend à l'Occulte. L'Eglise doit renoncer à attribuer le *Cantique des Cantiques* à l'Esprit-Saint ou sinon lui donner l'éponymat de tous les textes sacrés de l'humanité : la magie est forcée elle aussi d'abandonner les prestigieux oripeaux dont elle s'affublait, et même de prononcer une renonciation, celle de ses rites ; autant la magie théorique est une matière sainte, cardinalice et papale où se trouvent les règles du salut de tous et de tout, autant son antique usurpation sur le terrain religieux n'a plus d'excuse ni de raison, et ne peut encore durer. J'entends par occulte catholique la démonstration que le catholicisme renferme toute la magie pratique, et que s'il y a encore des mages ou s'il doit en venir, ils devront être catholiques pratiquants sous peine de ne pas réaliser.

La haute culture entraîne dans les décadences une sophistication de l'impression même ; les erreurs religieuses n'ont plus de danger, les erreurs magiques gardent toujours le leur.

En magie, l'homme se cherche lui-même au lieu de chercher Dieu, et il trouve souvent la démence ou autre perdition.

L'occultiste traite l'âme par des réactifs intellectuels et l'esprit par des actions animiques : de là désordre et déraison. Oui, la magie explique, elle est l'ensemble des réponses intellectuelles ; mais la religion fait voir, sentir ; elle est le visage du mystère, elle est Dieu sensible.

La plupart des sorciers de la tradition et ceux qu'on a pu connaître et étudier étaient sordides, gueux, menaient une existence peu enviable ; entre autres les sorciers des campagnes qui ne furent jamais de grands propriétaires. Leur seule satisfaction reste à l'analyse, celle de gens qu'on n'offensait pas impunément et qui tiraient une prompte et officielle vengeance de tout ce qui leur était fait. Le sorcier tel qu'il existe encore est un mystique de la vengeance, un ascète de la haine qui sacrifie les formules joyeuses de la vie au pouvoir de rendre le mal pour le mal. Le sorcier est celui qui ne pardonne pas, antithèse parfaite de la charité, véritable antagoniste du verbe chrétien et par là détestable. L'homme brise l'obstacle quand il le peut, mais l'obstacle conjuré ou simplement dépassé, l'homme ne s'enquiert pas davantage de l'ennemi vaincu que de la pierre qui une heure auparavant a failli le faire tomber. Le sorcier s'acharne en des représailles compliquées et pour un déplaisir de quelques instants il s'imposera des semaines d'effort. Ce qui rend le goële redoutable, c'est qu'il n'est pas en son pouvoir de s'arrêter et se restreindre quand il se croit offensé : il lui faudrait une abnégation singulière, il serait malade atrocement du mal qu'il n'aurait pas rendu.

L'humanité n'a jamais eu une religion qui s'inspirât des mauvaises passions de l'homme, et voilà pourquoi à toutes les époques et dans toutes les civilisations on trouve la sorcellerie qui est véritablement une religion des instincts. Quiconque ne veut que le bien et la lumière, suit la raison, et l'expérience et n'a que faire des simagrées magiques.

L'homme se meut suivant l'attrait qu'il subit ; s'il demande à l'inconnu de l'aider en sa concupiscence, il est ce ridicule criminel qui demanderait au bourreau de lui servir de complice. La science ne dotera pas les mœurs d'un déterminisme parce que les mœurs manifestent les passions, et que les idées en elles-mêmes n'influent pas sur la vie générale. Convaincre et émouvoir ne sont qu'un même terme, les génies du catholicisme primitif ont dédaigné de faire concorder leur enseignement avec la logique. Les hermétistes, eux, ont enveloppé leur enseignement d'obscurité. En face du mystère, l'humanité ressemble au public d'un théâtre ; les intellectuels, les privilégiés voient des nuances, des détails que les places inférieures ne perçoivent pas, mais peut-on dire que ce soient les privilégiés qui jouissent le plus souvent du spectacle et qu'ils en tirent le plus grand profit moral ?

Comprendre une douzaine de lois matérielles de plus ou de moins, savoir comment se fait un miracle, pouvoir le faire, cela ne constitue pas une grande différenciation. La disproportion demeure fatale entre le pouvoir et le vouloir : quel serait l'avantage d'un homme qui au lieu de percevoir huit kilomètres d'horizon, en percevrait le double ; il serait extraordinaire, unique ; il n'en serait pas moins homme et sujet aux ophtalmies.

Préparer l'autre vie par celle-ci : devancer par l'application et l'effort, l'évolution du devenir : précéder l'événement par des actes d'une essence anticipatrice sur la stase humaine : voilà la vraie voie.

Si dans un traité de Magie, je trouve ce titre « pour faire venir une fille vous trouver, si sage qu'elle soit ; ou faire venir trois demoiselles ou trois messieurs dans sa chambre après souper » je ne sais plus si je lis une stupidité ou une infamie, mais voilà un appeau dangereux parce qu'il s'adresse aux plus sales appétences de l'individu. Si je dois des oraisons à Bob, Djinn, Paralda et Nicksa, génies des quatre éléments, je préfère emprunter à saint François sa formule : « mon frère le feu et ma sœur l'eau » persuadé que les Elémentals seront mus par mon seul sentiment, plutôt que par des noms sans racine, déformations de mots religieux.

Eliphas Lévy est un génie immense : il a renouvelé la Magie, mais il a renouvelé aussi les anciennes et décevantes promesses : après avoir raconté deux évocation d'Apollonius de Thyane, il finit ainsi « le résultat fut pour moi la révélation de deux secrets kabbalistiques, qui pourraient, s'ils étaient connus de tout le monde, changer en peu de temps les bases et les lois de la société tout entière ».

Cette seule phrase suffit à montrer quels mirages se produisent en ce domaine et comment le plus haut esprit se défend peu des plus naïves illusions. Révélez les plus grands secrets, s'ils ne sont pas bassement pratiques et un renfort pour les intérêts matériels, ils ne seront pas même écoutés. Pour propager une vérité, il ne suffit pas de la concevoir, il faut la dynamiser et elle devient virtuelle par un concours inouï, des circonstances cycliques. Le secret kabbalistique est aussi stérile en soi que la proposition théologique, il faudrait la réaliser en acte et le génie lui-même ne réalise qu'en paroles.

Il y a des mages encore, en Orient, mais au lieu de révéler aux turcs des arcanes, ils auraient plus court de changer le cœur du sultan.

Il y a des S. François d'Assise, dans l'Inde, et cependant la reine Victoria vit !

Il y a des occultistes en France qui appellent la Grèce « Matrie » et nul n'a pu frapper, quand on abandonnait la Grèce.

En une année, trois cent mille Arméniens ont été massacrés, deux mille villages de l'Inde brûlés, la Grèce piétinée par les brutes ottomanes, et sultan, reine et président digèrent paisiblement. Cependant c'étaient œuvres de magie, le supplice des dysnastes coupables : ce sont des œuvres possibles, à peine difficiles et nul ne les fait.

Le Kaiser allemand, ~~~~~~~~~~~~~~~, serait plus qu'un autre atteint par la magie pratique, nul n'y peut, nul n'y songe.

Je crois donc que le mage doit être modeste et ne rien promettre d'un art qui ne tient plus aucun de ses emplois. La croix, le signe par excellence, groupe encore des vertus, c'est-à-dire des forces, et le successeur de Léon XIII, le fera voir, *urbi et orbi*.

L'OCCULTE CATHOLIQUE

I

INTROIT

A Eleusis, le récipiendaire était conduit devant une statue de Pan, d'un caractère réaliste : avant qu'il se fût étonné, la grossière image s'ouvrait comme la gaîne d'une momie et laissait voir, radieux et sublime, cet androgyne qui est devenu l'ange catholique, et qui est la vérité au monde des formes.

La religion, obligée par essence à obtenir des résultats, subit les nécessités de climat et de race. Sous les banalités de la dévotion et les routines du culte, le plus subtil ésotérisme attend l'initié.

Toute religion est une adaptation pratique de la vérité éternelle à une date et à un lieu ; où sont-ils les arabes christianisés ? Les cuistres de la Reine n'ont pas converti un seul hindou en cinquante ans.

L'occulte, au contraire, se définit la plus grande

nudité dont la vérité soit susceptible ; c'est la formule, abstraite, amorphe de ces mêmes dogmes que chaque civilisation concrétise à son image.

Cornelius Agrippa et Eliphas Lévy pardonneront ma contradiction, car je vénère et leurs intentions et leurs génies ; mais je viens après beaucoup de réflexions prétendre que toute cérémonie est religieuse, et que le rite magique serait une usurpation sacrilège s'il n'était pas d'abord une inconséquence.

Certes, les idées, préexistantes aux faits, supérieures aux essences, sont éternelles et intémérables, mais elles s'incarnent et changent de signes ou de corps.

Le pentagramme rayonne dans un entendement : mais il ne vit plus pour le collectif : ce signe, survit, illumination de l'individu.

La physiologie nous affirme que les molécules organiques se renouvellent entièrement chez l'homme en un ou sept ans ; et l'expérience sentimentale a montré que jamais une impression ne se revit et que le même baiser, au même lieu, est autre aujourd'hui qu'hier !

Deux séries de victimes n'échappent jamais au supplice, les rétardataires et les précurseurs de l'idée. Julien l'apostat a péri en s'efforçant de raviver le paganisme expirant, et la tête du baptiseur a été la première pierre de la Messianisme.

Pourquoi donc, en rénovant l'ésotérisme, lui conserver des oripeaux sinistres et dérisoires ; pourquoi subir l'imagination populaire en matière de sublime, et ne voir les traits de la magie que dans les grimaces de la légende et de l'hallucination ? Pourquoi en ressuscitant cette Belle au bois dormant de l'occulte, lui conserver un aspect fantastique, indigne d'une si raisonnable déité.

Pourquoi ? Parce que l'occulte a été de tout temps le maquis cérébral où les réfractaires intellectuels se sont réfugiés, et la conception n'a pas changé qui attribue au magicien un pouvoir immense aux œuvres de passion et de cupidité. La Rose enchantée de Grandier, la pistole volante, la transmutation de Flamel, voilà les thèmes qui ont servi aux abominations du maréchal de Retz et qui continuent à éblouir les esprits. La carte biseautée au jeu de la vie, telle est la définition de la magie pour les gens électeurs : et l'Eglise, odieuse au premier abord, apparaît judicieuse, en anathématisant cette rivale sans nom qui a tâché de se constituer en religion du mal. Oui, l'homme a rêvé un rituel pour ses désirs, une théologie pour ses faiblesses, un culte où ses vices s'étaleraient pompeux, satisfaits, sanctifiés : et qu'on ne s'amuse pas aux appellations blanche et noire, nul n'est puissant, sans abus, lorsqu'il est sans sanction. Les inquisiteurs étaient trop brutes pour poursuivre autre chose qu'un fanatisme de police morale : parmi toute la dominicaille d'Espagne, il n'y eut ni cerveau, ni discernement, ce n'était que des militaires déguisés, de petits et féroces antéchrists, et leur butorderie cruelle a fort contribué à l'usurpation des formes religieuses par l'occulte.

Est-il besoin de rappeler que, jusqu'à notre ère, magie et religion étaient une même chose que représentaient les mêmes hommes. Pendant plusieurs siècles après Jésus, on voit des Synésius évêques et mages et des Plotin dignes d'être évêques.

Mais le grand schisme s'opère à Alexandrie ; l'occulte et la religion se méconnaissent et se disputent des préséances légitimes : la nécessité tranche le débat, la victoire reste au clergé, la clergie est vaincue et sitôt commence la grande errance des hermétistes, désormais scandaleux, dangereux comme tout élément social sorti de sa place. Supposez le plus éloquent et le plus beau des hommes apparaissant sur la colonnade du Bernin au moment où le Pape bénit *urbi et orbi*, et opposant sa bénédiction à celle attendue et consacrée, pour le plus grand désarroi des consciences.

Le Mage a été le premier et restera l'éternel déclassé : pendant toute l'antiquité, il porta la mitre sacerdotale et accomplit son office providentiel. Voyez-le, vagabond, recherché et soupçonné, et non plus recteur des rois, mais réduit à les servir en leurs passions, pour obtenir une protection incertaine, sous les traits d'Agrippa ; voyez Paracelse, le prodigieux génie, sous un aspect à la Callot et avec des allures charlatanesques : voyez Eliphas consentant à enseigner la magie à des femmes et n'ayant pas laissé sur elles le moindre souvenir prestigieux. Voyez enfin, Lacuria, ce Platon, mourant de froid, rue de la Vieille-Estrapade, malgré l'amitié de gens aussi influents que Gounod. Voyez encore les discussions incroyables qui existent parmi les occultistes contemporains et comment tel groupe vitupère tel autre, et concluez que la magie n'a pas trouvé sa forme moderne, sa case dans l'économie de la civilisation.

Ces hommes, seuls détenteurs des lois d'harmonie, ne s'énoncent pas sans désordre : injustement réprouvés par l'Eglise, ils s'efforcent de créer une religion, ils élaborent un rituel magique, un cérémonial.

Wagner a singulièrement deviné ce grand drame intellectuel, le plus pathétique qui ait agité des âmes chrétiennes. Son Klingsor, que la pureté de Parsifal rend si noir et odieux, ce magicien fut d'abord un fervent néophyte de Monsalvat ; mais le feu des passions ardait en lui simultanément avec la flamme d'un vrai zèle, et, désespéré de son impureté, il se mutile, ce passionné, pour approcher du Graal. Cela est contraire à la règle monastique, mais ce trait n'appartient pas à un quelconque et la rage de l'éconduit se conçoit. La religion le rejette, et il se donne à la magie ; il aime toujours le Graal, cet eunuque, il le désire uniquement, et, puisqu'on ne veut pas l'admettre à sa contemplation, il conçoit sa conquête.

Oh ! les moyens sont noirs ; il séduit, il corrompt les chevaliers de la Colombe, et un jour il arrache la sainte lance au téméraire Amfortas.

Voilà la plus haute allégorie qui jamais ait réalisé les antinomies religieuses et magiques. Le magicien Klingsor possède la sainte lance et le grand prêtre garde sa plaie béante que seule fermera le fer qui l'a ouverte. Sans l'advenue du pur ingénu, Monsalvat et le château enchanté resteraient éternellement en guerre, sans qu'il y eût victoire : car « tous, tous sont pécheurs », comme dit Kundry, l'ordre du Graal a été implacable pour l'impur, et l'impur, à son tour, dresse d'infernales embûches. Mesurez la distance intellectuelle qui sépare l'héroïsme ténébreux de Klingsor de la noble mais simple nature de Gurnemanz : comme on sent, que le mage noir indigne moralement est supérieur cérébralement à Amfortas lui-même, et retenons la caractéristique de Klingsor, ce sera celle du magicien : l'homme supérieur qui n'a pas les vertus connexes à son idéal. Ici, c'est la sexualité qui est la pierre d'achoppement ; ailleurs ce sera l'ambition ; ailleurs encore l'infatuation aveugle. L'infériorité morale seule éloigne de la religion et s'agit-il d'un homme violent, entêté, il rêve de violenter la religion par la science : il devient magicien.

La raison qui décide un être à suivre le sentiment d'autrui au lieu du sien est une raison de compétence, c'est-à-dire d'expérience. L'application de l'esprit sur une matière permet de la percer et il y a des compétences morales comme des matérielles. L'horlogerie représente une activité inférieure, cependant l'individu s'adresse aux spécialistes au lieu d'étudier cette industrie ; au sens surélevé, l'application de l'esprit aux problèmes moraux entraîne un prestige d'autorité. L'homme ne pouvant se développer régulièrement dans tous les sens doit être prisé dans le sens même de son effort ; mais il y a lieu de se méfier des déformations que la personnalité impose à l'idée exprimée. L'universalité d'une formule en consacre l'évidence.

L'être humain, en tout temps, a suivi des chefs pour la pensée comme pour l'action ; toujours l'intérêt du plus faible, c'est-à-dire du moins compétent, a été de recevoir sous forme d'éducation ou d'initiation les éléments testamentaires de ses prédécesseurs. L'individu abandonné jeune dans les conditions de la sauvagerie perdrait aisément les bénéfices de son origine civilisée. Erreur ou vérité, l'opinion de nos prédécesseurs est encore le meilleur guide et ceux qui ont voulu se dater d'eux-mêmes ont vite découvert leur inanité. Profiter du passé est la première et légitime habileté. Ce serait affaiblir ses chances de réalisation que de s'entêter contre les éléments actifs d'une époque ; celui qui voudrait actuellement aller à cheval et par étapes, d'un lieu à l'autre diminuerait et son temps et son action ; qu'il s'agisse d'un déplacement d'affaires ou de transporter le saint Graal, il faut accepter les modes d'activité d'une époque. Les hypogées des pyramides ne contiennent plus un sacerdote répondant à l'interrogation ; dans les ruines d'Eleusis, nul hiérophante ne veille. L'homme supérieur demandera à la seule lecture ce qu'on appelle l'initiation. Elle n'est recevable que sous condition d'un développement antécédent ; il faut être déjà conscient de la culture générale pour percevoir cette culture particulière qui fait de l'individu, l'exception. En outre, l'ensemble des formules répondant à l'idée d'ésotérisme présente un danger véritable, car elle suppose chez celui qui l'affronte une extraordinaire puissance ; au reste, la religion ne serait pas un phénomène social aussi permanent si elle ne correspondait pas à un besoin où rien ne la peut suppléer.

On demande et on obtient l'humilité individuelle,

mais comment le croyant ne serait-il pas fanatique de son dogme et le penseur enthousiaste de ses formules ; il faut donc bien choisir ses raisons de croire.

Dans toute initiation il y a des cérémonies propres à solenniser l'entrée d'un nouveau cathécumène. Il est impossible d'inviter des enfants à penser et l'être commence sa vie morale par la religion ; nous verrons dans la suite si le développement spéculatif ne confirme pas les assertions du dogme.

Les sacrements sont les mouvements mêmes de l'idée religieuse et le protestantisme n'est qu'une dérision parce qu'il n'a pas de sacrements. La définition cathéchistique ne satisfait pas ; on les appelle un signe de sanctification, il serait plus juste de les appeler un sceau du pacte entre la créature et le Créateur.

La religion pactise au nom du ciel avec la terre ; l'homme accepte tel effort et Dieu consent telle grâce. Les sceptiques demanderont comment un pareil contrat s'établit, se prouve et se manifeste ? Exactement comme le phénomène végétal : une graine, que ce soit une main consciente ou le vent qui l'apporte, germe et produit une fleur, puis un fruit ; or, la religion se reconnaît aux fruits, c'est-à-dire à ce qu'elle obtient d'idéales concessions sur la barbarie native de l'homme et l'égoïsme social qui l'aggrave. Si on considère à quelles horreurs le christianisme moderne s'est opposé et les sublimes réactions d'âmes qu'il a obtenues, on ne doute pas que ce soit un des pactes les plus valables qui aient été faits. Quelle que soit l'erreur humaine, la bonne volonté terrestre n'est pas niable et dès lors, le catholicisme prend parmi les religions sa double valeur de deux cents millions d'adhérents et d'unique religion occidentale ; car ce n'est pas une interprétation plus ou moins erronée qui change une doctrine et si les catholiques sont, ce qui n'est pas douteux, les seuls conséquents, les Grecs et les protestants n'en sont pas moins des fils plus ou moins obscurés de Jésus-Christ.

Au point de vue dynamique, l'Eglise possède en réserve des forces qui la rendent inexpugnable. La volonté devenu verbe ne meurt pas et le signe de Salomon sert de point d'appui à des œuvres de subtilité : mais dans l'économie des puissances verbales, la pensée quoiqu'immortelle n'a pas la même puissance de réalisation que de l'énormon sentimental. Selon l'arcane de Pistorius, l'esprit se dévêt pour monter et se revêt pour descendre, c'est-à-dire que rien de spirituel ne se produit en ce monde, sans se sentimentaliser. Les idées du Mage doivent, si elles sont lumineuses, se résoudre finalement en formule sacerdotale ; au passé oriental, le penseur était un prêtre consultant, au lieu que de nos jours on le condamne au rôle de pensée dissidente.

Le baptême, cette consécration anticipée de l'individu encore inconscient, au nom d'un idéal conçu comme le meilleur, par ceux qui représentent les droits et les devoirs du sang, est une norme de civilisation.

Il est insoutenable que ceux qui n'ont pas été baptisés, soit parce qu'ils étaient antérieurs au baptême, soit qu'ils aient vécu loin des manifestations chrétiennes, n'entreront jamais au ciel. Il y a même une double erreur en cette matière : un proverbe turc dit que mourir jeune c'est être aimé des dieux ; comme si la redoutable opération du devenir manqué n'était pas la pire infortune.

La seconde c'est que les enfants morts sans baptême seront séparés de Dieu et on peut lire ces paroles étonnantes dans le fameux catéchisme de Montpellier : « l'Eglise n'a pas décidé s'ils souffrent aussi la peine du feu dans les enfers. L'Ecriture ne le dit pas nettement, la tradition n'est pas bien claire sur ce point. »

Absurdité indigne du moindre élève d'Aristote, d'autant plus que le même enseignement déclare deux autres sortes de baptême ; le baptême de sang qui est le martyre et le baptême de désir qui mérite une explication.

Quiconque, soit dans les sept mille ans antérieurs à Jésus-Christ, soit dans des lieux et des races où son Verbe n'a pas pénétré, aura senti, pensé, surtout agi conformément à l'Evangile et au Golgotha, est baptisé de toute éternité *sed ex Deo nati sunt.*

Le prince Siddartha, qui abandonna son palais, son royaume, son foyer pour rechercher la sagesse et qui a consolé et console encore six cents millions d'âmes, serait-il exclu de la vue de Dieu que l'Eglise assure à la plus ordinaire des vieilles filles ? Orphée, déchiré par les Ménades, c'est-à-dire par les passions qu'il avait voulu conjurer, est un martyr comme Hypathia, la vierge philosophe, assassinée par la canaille chrétienne.

Le catholicisme n'a pas eu toujours le courage de ses prétentions ; quand on se dit universel, il ne faut pas rejeter le plus grand nombre des êtres et parmi ce nombre, les meilleurs !

Quiconque résiste à la vérité connue entraîne la colère du Saint-Esprit, mais quiconque suit la forme de vérité qu'il connaît mérite l'éternelle indulgence. Il faut bien plus s'étonner du peu de suite que les chrétiens donnent à la réception des sacrements que de l'éloignement presque inconscient de certains êtres pour la religion. L'individu même supérieur subit la tare de son époque ; l'individu moindre subit l'action de son milieu et de son métier.

Ouvrez au hasard un ouvrage d'homilétique et un autre de gnose et vous constaterez que les deux auteurs, malgré la différence du point de vue, demandent également à leurs disciples le mépris de l'opinion mondaine. Massillon vous répètera que les saints ont été, en tout temps, des hommes singuliers. et la gnose que, pour naître à la vie supérieure de la conscience, il faut croire et espérer comme croit et espère le dévot : ces matières sont tellement connexes qu'il serait plus court de rechercher en quoi le catholicisme et la magie diffèrent.

Deux causes expliquent ce fait singulier qu'antérieurement à Jésus jamais la magie ne scinda d'avec la religion : il a fallu un excès d'animisme chez les premiers pères et un excès d'intellectualité chez les néo-platoniciens pour que le moyen-âge et la Renaissance soient remplis de penseurs isolés qui ne se raccordent point à la formule ecclésiale.

Dans les époques de foi, l'homme ayant des besoins de religiosité se constitue un dogme propice à ses passions et toute la magie pratique a été une déformation des cérémonies religieuses pour obtenir des résultats que la religion réprouvait. Le sorcier est un méchant qui se persuade l'existence d'un Dieu du mal ; le mage est parfois un orgueilleux qui voudrait se persuader qu'il y a un Dieu pour les penseurs : c'est toujours notre sentiment qui corrompt nos idées, ce sont toujours nos passions qui s'interposent entre la vérité et nous.

La magie pourrait se définir : la science des responsabilités ; le mage n'ignore pas que la moindre des pensées bonnes ou mauvaises entraîne des conséquences de malheur ou de bonheur ; donc la magie, dans ce qu'elle a d'intolérant, représente plutôt une pratique passionnelle qu'une doctrine. Je démontrerai par la suite que tout ce qui ne peut pas être demandé à Dieu, est en effet contraire au bien de l'homme et que les désiderata de la magie orthodoxe rentrent dans le cadre du catholicisme pratique, car la religion est l'art de vivre harmonieusement comme la magie est la science de penser juste.

Le plus grand scandale qui puisse se produire, ce n'est pas un mage déraisonnable, c'est un pape patriote, qui commande d'un cœur italien une religion universelle ?

Mysticisme ou extension de l'âme, occultisme ou extension de l'esprit, forment des parallèles et non pas des antinomies.

L'homme découvre, d'instinct, que sa vie a trois modes : le besoin, qui est le plus impérieux ; le sentiment, qui est le plus agréable ; et l'idée le plus élevé...

La religion va lui apprendre à limiter ses besoins, ce qui le rendra plus indépendant, et à orienter sa sensibilité, ce qui le préservera. Quant à ses idées, elles n'auront leur complète satisfaction que dans l'occulte.

Cependant, la magie va s'offrir pour suppléer à la religion, elle va lui présenter des armes redoutables ; s'il les accepte pour réaliser ses impulsions, il est perdu en ce monde et en l'autre.

En admettant les promesses de l'Hermétisme, peut-on concevoir un homme qui s'armerait ainsi, en guerre, pour des intérêts privés. Si on ne veut que son accomplissement personnel et la perception du mystère, c'est un office de méditation et de piété, et l'occultisme suffit.

La magie ne doit servir qu'à la défense de l'idéal et de la justice ; elle était à son vrai point dans la conception de la sainte Vehme. Catherine de Médicis l'employait à régner ; mais elle rayonne dans la vie de Jeanne d'Arc, le plus bel androgyne de l'histoire ; c'est dans le mystère de sa vocation qu'il faut chercher le chef-d'œuvre de l'occulte moderne : c'est l'Ange visible, opérant, au grand soleil, les œuvres de Dieu.

La baguette est un éclat de la crosse et du sceptre, pour que la terre connaisse un troisième pouvoir. Le Pape et l'Empereur ne sont que des tiers de Dieu, le Mage achève le triangle des puissances légitimes.

Quelqu'un recherchera un jour la part de l'individu conscient dans les grands faits collectifs ; la matière ardue, hérissée, couverte de décombres recèle cependant d'extraordinaires surprises.

Que peut la pensée consciente et pure d'un homme pour l'humanité ? Actuellement elle semble impuissante : le grand Tolstoï est défendu, comme pernicieux, aux moudjicks et cependant le monde garde encore l'impulsion de quelques pensées conscientes et pures qui l'ont soulevé de sa matière, pour lui montrer cet au-delà sans lequel l'homme n'aurait par plus de raison d'être que telle autre espèce animale.

ARCANES
DU
MICROCOSME

I

L'occulte est la plus grande nudité dont le mystère soit susceptible.

L'occulte est le mystère abstrait, amorphe, dégagé du temps, de la race et du lieu, et même de la personnalité qui le formule.

II

La Religion est l'état le plus prestigieux dont le mystère soit susceptible.

La Religion est le mystère concrétisé, adapté à un cycle, à une race, à un climat et personnalisé en son fondateur.

III

Un symbolisme est une langue manifestant un Verbe.

Il y a identité de verbe et disparité de symbole, d'une civilisation à l'autre.

IV

Pour comprendre la tradition, il faut la traduire en mode actuel.

V

Avant l'ère chrétienne, l'occulte était enfermé dans le temple : le prêtre et le mage étaient le même homme.

VI

Depuis, le prêtre et le mage se méconnaissent et gardent chacun jalousement la moitié de la vérité qu'ils ont déchirée en se séparant.

VII

La Religion reste incomplète et sans tête ; la magie est une tête sans corps ; chacune s'efforce d'usurper sur l'autre. La première nie tout ce qui lui manque, c'est-à-dire l'abstraction ; la seconde usurpe tout ce qu'elle regrette, la forme de réalisation.

VIII

Une religion est un pacte entre l'homme et son créateur, et qui a pour signes les sacrements.

IX

Lorsque l'Eglise refuse le devenir heureux aux non-baptisés, elle est téméraire et politique.

Lorsque l'occulte propose ses rites, il détourne les formes qui appartiennent à un autre Verbe.

X

L'occulte est, par excellence, la science des rapports et, moralement, celle des responsabilités.

La magie est la mise en pratique de l'occulte.

XI

L'occulte est l'esprit même de la religion, et la religion est le corps même de l'occulte. L'occulte est la tête où se conçoit le le mystère, la religion est le cœur où le mystère se dynamise.

Il faut penser solitairement, avec les Maîtres, avec les Kerubim.

XII

Il faut prier solidairement avec les fidèles, avec les purs ingénus, les Séraphim.

XIII

L'occulte comprend, explique, c'est le flambeau ; la religion réalise, incarne, c'est le foyer.

D'un côté, la subtilité rend ses oracles; de l'autre, la charité accomplit ses œuvres. Mais sur cette double polarisation de vérité, s'élève, couronnement insigne, le Très Saint Graal, le mystère superexcellent, l'ineffable, l'Eucharistie!

II

KYRIE

Lorsque l'Eglise catholique fera son examen de conscience et prendra les fermes propos qui découlent d'une vraie contrition, elle changera sa façon imparfaite d'administrer le sacrement de confirmation. Les mieux partagés pour l'enseignement religieux, les élèves des jésuites, reçoivent la confirmation quelques mois après la communion, sans études ni exercices préalables. N'était l'injure du mot, on pourrait dire que la confirmation est un sacrement de surcroît : tandis que la première communion laisse un souvenir ineffaçable, la confirmation ne présente même à l'élève des ordres religieux qu'un souvenir confus. Or, le baptême ou sacrement des inconscients ne devient définitif que par la confirmation qui signifie l'acte libre de l'individu, acceptant ce que la tutelle morale lui avait imposé. Sauf le sacrement de l'Ordre, aucun ne concerne le Saint-Esprit, et même il faut s'étonner du silence catéchistique sur la plus puissante des personnes divines puisque c'est elle qui accomplit et parachève les actes des deux autres. Les sept dons constituent un apanage incomparable et d'ordinaire mal défini.

La crainte de Dieu est une israélite formule : il faut dire le sentiment de Dieu : il implique la vision de sa terribilité et de sa miséricorde.

La piété est l'acte qui correspond au sentiment de Dieu. Car du moment que Dieu est senti, comment ne serait-il pas servi ?

Dieu étant la clef haute de toute pensée, et la piété étant l'adhésion sentimentale au Verbe éternel, la science, c'est-à-dire la notion des rapports, se trouve toute formée dans l'esprit du fidèle.

De cette connaissance des relativités naît la force : car du moment que nous savons l'origine et l'aboutissement d'une chose, nous savons comment appuyer nos efforts.

Cette économie de la force constitue le don de conseil qui est le calcul d'abstraction à propos des contingences.

Et dès l'instant que l'homme s'abstrait des contingences, il possède l'intelligence.

La sagesse n'est que l'intelligence manifestée en actes.

La confirmation suppose le baptême puisqu'elle en est la perfection, et c'est avec étonnement que nous voyons dans la primitive Eglise les deux sacrements se succéder, comme il est d'usage actuellement, dans l'Eglise grecque. Même dans l'Eglise russe, non content de simultanéiser la confirmation et le baptême, on communie les enfants encore aux bras des nourrices. L'inconscience du clergé éclate dans les raisons qu'il donne de retarder la confirmation : « parce que, en recevant ce sacrement avec connaissance, on s'en souvient et on est moins exposé à le recevoir deux fois ! » Le baptême vaut en exorcisme et la confirmation le continue. L'imposition des mains est un rite incantatoire bien antérieur au catholicisme ; quant au signe de croix que l'évêque fait avec le pouce sur le front, il signifie que désormais le récipiendaire accepte consciemment les charges et les bénéfices du baptême, et qu'il portera la croix non seulement en son cœur par la pratique, mais encore dans la mêlée sociale par l'exemple.

La confirmation devrait être le sacrement de l'adulte et comporter un catéchisme spécial qui enseignerait à l'individu la rationalité de ses devoirs. Le Saint-Esprit, qui est presque passé sous silence au domaine de la piété, est encore plus oublié à celui de l'enseignement ; le clergé, entraîné par l'urgence de la police morale, oublie que son rôle dépasse l'endiguement des instincts et qu'il doit conduire les esprits après avoir harmonisé les mœurs; communément les rapports du fidèle et du prêtre se bornent à des contacts de débiteur à huissier; il a toujours existé pour les sacerdoces cette condition de prestige que l'enseignant dépasse l'enseigné et que le guide soit mieux averti que le guidé. Dans les décadences, la religiosité diminue chez le fidèle; il faudrait que le prestige augmentât proportionnellement chez le clerc. Est-il dans le rôle contemporain du prêtre de présenter des séductions pour ainsi dire philosophiques? La satisfaction de l'esprit et celle de l'âme ne s'obtiennent pas aux mêmes éléments; il serait hasardeux de demander au même individu des facultés qui se nient entre elles; la magie peut rendre à la religion des services sororaux, si la religion consent à reconnaître, ce qu'elle n'a jamais fait, ses lacunes devant l'individu. Le mysticisme ou ascétisme est un domaine surélevé où le sentiment à son plus haut point confine à l'intelligence. Chaque fois qu'une âme prend son essor, elle atteint simultanément le point d'intellectualité concordant à son point d'élan; et lorsque saint François d'Assise déclarait, à propos du loup du Gubbio, qu'aucune créature n'était méchante, il disait vrai par rapport à lui puisqu'il transformait en chien le redoutable animal. L'homme de pensée aboutira toujours en dernier concept à une formule de charité et d'altruisme. La discipline de l'Eglise a faibli parce qu'elle a visé le nombre plutôt que la qualité des fidèles. Ceci est dans l'esprit même de la religion instituée pour sauver les peuples et non pour satisfaire à la subtilité de quelques-uns ; mais ici l'utilité de l'occulte s'impose puisqu'il conserve immémorialement les formules satisfaisantes pour l'être d'exception. Celui qui enseigne à tout le monde que la morale est individuelle s'appelle un malfaiteur et cependant elle l'est : il importe davantage qu'un roi soit moral dans ses actes que dans son privé.

Si la charité sert de définition à la religion, l'harmonie définit l'occulte : l'une enseigne que Dieu vengera le prochain de tous les torts que nous lui avons faits et l'autre nous avertit que les normes agissent avec l'implacabilité d'un balancier et frappent perpétuellement des médailles à notre gloire ou à notre confusion et que nul n'est censé ignorer la norme : dans le domaine de l'occulte qui est celui du Saint-Esprit, les ignorances sont punies comme des fautes, voilà pourquoi l'Eglise, en mère pleine de sollicitude pour ses enfants, les détourne de ce domaine redoutable où chaque pas ressemble à une témérité.

Ceux qui s'adressent à l'occulte espèrent un accueil plus propice à leurs passions que s'ils les affrontaient avec la formule religieuse ; ils pensent trouver des sophistications pratiques pour accommoder leur orgueil et leurs vices, comme si l'intelligence constituait par sa culture un droit à moins valoir. Les responsabilités augmentent en raison même de la conscience : plus un homme sait ce qu'il fait, plus il lui sera demandé un compte rigoureux de ses actes. L'intellectuel n'ignore pas le danger qu'il court à ne pas conformer ses mœurs à ses doctrines, tandis que l'animique, restreint dans sa conception, ne voit jamais l'extrême conséquence de ses fautes. Croire est plus doux que comprendre ; il y a plus de vraie joie dans la pratique religieuse que dans la magie, parce que la religion nous fait sentir Dieu et le rapproche de nous, tandis que l'occulte, en nous faisant mesurer les incommensurabilités qui séparent la créature quelle qu'elle soit, de son Créateur, nous décourage au lieu de nous consoler. Il faut que quelques-uns pensent ; il faut que tous prient.

L'humanité a besoin d'adhérer au Verbe divin bien plus que de le saisir d'une façon plus ou moins subtile. L'adoration de la cause est encore la meilleure voie pour attirer sur l'effort d'en bas, la bénédiction d'En-Haut.

La légende nous montre toujours ceux qui s'adonnent à la magie en injustes qui espèrent trouver un biais et éluder la loi de Dieu, comme les habiles réussissent à se glisser impunément entre les articles d'un Code ; cette idée enfantine ne peut pas être sérieusement formulée ; ou l'homme abdique sa raison et s'en remet au débat de son instinct et de ce qui s'appelle le hasard ; ou bien, reconnaissant la toute puissante loi de Dieu, il s'efforce d'en prévenir les arrêts et d'y satisfaire devant qu'elle éclate.

La magie augmente la conscience de l'individu, elle étend un cachet de déterminisme et de volonté à tous les mouvements de son âme. Là il n'y a pas de place pour la bonne volonté et la pureté d'intentions ; la justification d'un acte gît dans son résultat, tandis que, en matières religieuses, il est moins demandé parce qu'il a été moins donné.

Pythagore, de tous les philosophes grecs, est certainement celui qui a osé la plus grande extension du compas de la pensée, et lui, comme Plotin, différenciait les vertus civiles ou nécessaires, des vertus supérieures ou surhumaines ; les unes, prudence, courage, tempérance et justice, constituent l'ensemble du devoir.

Transportée dans le domaine occulte, la prudence s'appelle la science ; la sagesse, la pensée ; la tempérance, l'équilibre ; la justice, l'accomplissement de sa personnalité. Il faut un fondement pour bâtir un édifice, il faut que les vertus existent déjà moralement pour qu'elles se réalisent sur le plan d'intellection. La religion défriche les âmes, elle est en même temps la semeuse des ferments divins et l'occulte représente le perfectionnement de la piété en pensée et de l'illumination en logique. Saint Thomas d'Aquin sera toujours tenu en honneur égal par les dévots et les penseurs, car en lui sont satisfaites les deux tendances ; il est à la fois un père de l'Eglise et un père de l'esprit ; il a raison comme théologien et aussi comme philosophe, et celui qui n'admettrait pas ses prémices devrait encore admirer la conduite du raisonnement ; voilà pourquoi la conciliation de la gnose et de l'Eglise est vraiment la grande œuvre intellectuelle qui devra s'opérer au xxe siècle : tout est sorti de l'unité, il faut que tout y conflue. Trop longtemps la vérité a été semblable à un foyer divergent ; le jour où toute la lumière ne formera qu'une seule nappe, elle deviendra évidente et obligera les pires volontés à la subir.

Celui qui nie l'inspiration divine de l'Ancien Testament, « anathema sit », dit le concile de Trente.

Celui qui nie l'inspiration divine de la Baghavat Gita, anathema sit », dit le concile des Mages. Un de ces deux anathèmes est dérisoire ! Lequel ?

Toute parole de lumière, et qui engendre de la

vertu, chez qui la reçoit, est d'inspiration divine.

Le Saint-Esprit n'aurait donc inspiré que quelques hommes, dans un seul peuple et à un seul moment du passé !

Les saints Pères du concile ne connaissaient ni le Livre des morts, ni les lois de Manou, ni les Vedas, ni l'Avesta ; connaissaient-ils les vers dorés de Pythagore ? du moins ils n'ignoraient ni Platon, ni Plotin, ni saint Denys, qui tous trois reçurent du Saint-Esprit quelques faveurs de plus que l'auteur du livre des proverbes.

Tout ce qui est beau, vrai et bon, vient de Dieu ; mais le Saint-Esprit était inconnu des hébreux, comme la Trinité elle-même. On chercherait vainement la doctrine incomparable du Karma dans le Mosaïsme et, chose colossale, l'Alcoran est plus précis que la Bible sur la vie future.

Recherchez le rôle de la religion auprès des génies chrétiens et vous verrez comme la paresse du prêtre a préféré exorciser l'art que le sanctifier, et le théâtre est devenu l'antichambre de l'enfer.

Ah ! quand il faut disputer, à coups de génie, un terrain au mal, le prêtre se récuse, et l'abandonne sans combat, et lorsque un inspiré du Saint-Esprit paraît et réalise en toute splendeur, les plus saints mystères, les malheureux ne reconnaissent plus leur dogme parce qu'ils sont revêtus de beauté.

La musique de l'Evangile, les artistes l'ont entendue dans Parsifal, mais les ministres de l'Evangile n'ont point compris. En revanche, leur paresse se limite à leur fatuité : ils appellent parole de Dieu, le prône assommant dont ils embarrassent la messe. Ils n'ont point de honte à interrompre le plus saint des mystères pour bafouiller les petites affaires de la paroisse. Ils font servir la divine Eucharistie à maintenir en place des auditeurs qui ne se soucient pas, certes, d'interrompre la commémoration du Calvaire pour apprendre qu'il y a promesse de mariage entre Marinette et gros René.

Le prône n'est autre chose que la parole d'un homme qui parle médiocrement et pense par routine ; il en est de la parole de Dieu comme de l'inspiration du Saint-Esprit, ce sont des expressions téméraires, dès qu'elles ne s'appliquent pas exactement à l'Evangile. *Spiritus fluat ubi vult.*

Les prônes du Saint-Esprit sont prêchés à l'Acropole d'Athènes comme aux temples de Thèbes, et Léonard de Vinci et Raphaël apparaissent en curés d'éternité.

Les périodes de décadence sont propres à réduire les antinomies, les personnalités étant moins virtuelles. Nous ne concevons aucune idée à l'état vraiment abstrait ; elle nous arrive décomposée par le prisme d'intelligence. Nous la décomposons à notre tour, et ce qui fait notre incompréhension ou notre adhésion est souvent une imperceptible coloration qui différencie à nos yeux un objet déjà connu.

Rien ne peut mesurer l'abîme qui sépare une idée, de l'action logique qui en découle. Il faut avoir connu les plus hauts représentants d'une époque et avoir étudié la dissemblance d'un homme avec sa doctrine pour se bien démontrer l'inanité pratique de la philosophie. Elle est complète et providentielle : si le cerveau pouvait prendre la place de la sensibilité, le grand problème de la perfection humaine serait à moitié résolu ; tel n'est pas l'ordre normal, nous devons évoluer en toutes nos tendances : de leur conflit naissent nos combats et nos mérites.

Il y a un écart énorme pour l'imagination entre ce qui est possible et ce qui est ordinaire ; le possible comprend tous les phénomènes relatés par l'histoire. On ne peut pas plus nier les revenants que les vampires, les possessions que les stigmates; on leur applique un déterminisme différent suivant l'école à laquelle on appartient; mais pour le penseur, les problèmes apparaissent dans le phénoménisme régulier et la merveille phénoménisme s'appelle le génie.

Il est plus extraordinaire que l'homme primitif,

commençant par un langage à peine articulé, soit parvenu aux discours pour Ctésiphon et au *Credo* de Palestrina que de voir une foulure reboutée.

La magie est susceptible de plusieurs définitions, et, comme il faut tenir compte de l'acception actuelle des mots quand on veut être entendu, je la définirai la pratique de l'occulte et l'occulte, la connaissance des potentialités humaines mobilisées par la volonté consciente. L'orientation de l'homme par rapport au mystère se décompose en quatre séries phénoménales : l'action du mage sur lui-même, sur les autres hommes, sur la nature et son intrusion dans l'invisible. La sortie du corps astral ou bilocation, l'envoûtement, l'accélération de croissance d'une graine et l'évocation des esprits sont des phénomènes typiques de chaque zone.

Le mystère est en nous et il s'appelle la conscience ; le mystère est autour de nous et il s'appelle la nature ou l'ambiance ; le mystère est dans nos semblables et il s'appelle attraction ou répulsion, domination ou obéissance ; enfin, le mystère est au-dessus de nous et il s'appelle théodicée, pneumatologie, théurgie. La religion et l'occulte se proposent ces résultats qu'on pourrait appeler les quatre fins présentes par rapport aux quatre fins dernières. La véritable destinée de l'homme est de s'accomplir en lui, en autrui, en conquête sur la matière et en obédience sous l'esprit. L'accomplissement religieux de l'homme en lui-même c'est la sainteté ; en autrui, c'est la charité en face de la matière, c'est le renoncement ; et devant Dieu, l'extase.

Magiquement l'accomplissement de l'individu en soi c'est la subtilité ; en autrui c'est la puissance ; sur la nature la domination et en face de Dieu l'interrogation. Il n'existe pas deux choses également bonnes. Il n'y a qu'un seul cas d'égalité : c'est le ternaire divin ; hors de lui, toute chose quelle qu'elle soit, est supérieure ou inférieure : il faut donc, sous peine de renoncer à la logique, préférer entre les deux voies menant à un même but. Comme il est incontestable que la magie contient des éléments rejetés par la religion et que cette dernière fait souvent double emploi avec l'occulte, il faut établir la critique de deux formules afin d'en préférer une.

La religion est le pain et la magie le vin qui substantent l'homme de mystère. Le pain étant plus indispensable reste la base de l'alimentation morale, mais le vin est nécessaire à ceux qui veulent augmenter en eux la vie intelligente ; et ce que je me propose de préciser dans ce livre, c'est une délimitation de frontière entre la religion et la magie. La méthode analogique rigoureuse effraie ; elle trace des parallèles et des syncronismes de bas en haut, c'est-à-dire elle détermine l'inconnu en considérant le connu comme sa cristallisation réflexe.

L'analogie appelle l'homme le petit monde et le monde l'homme universel pour exprimer la similitude de leur constitution : ils ne diffèrent que par la différence d'individu à collectif et de quantité moindre à quantité totale. Le cosmos a un esprit, une âme et un corps comme l'homme et toute collectivité : race, peuple, congrégation est un homme collectif ou une sorte de cosmos.

La moitié d'un diptyque que l'on possède, soit le monde phénoménal, établit la partie absente du diptyque, par des parallèles. Ainsi l'homme est l'apogée de la vie organique, mais la vie forme au-dessous de lui une série décroissante qui va jusqu'à l'infusoire et au batibius. Par conséquent, il existe une autre série invisible dont l'homme est le plus bas échelon et cette création spirituelle remonte jusqu'aux archétypes. Une autre application qui fera comprendre la puissante audace de cette méthode c'est l'analogie microbienne, bacillène. La vie étant un principe distinct de l'organisme, comme la vapeur est un principe distinct de la machine ; et la vie n'étant pas toute contenue dans les phénomènes sensoriels ou locaux, elle se manifeste par des exhalaisons d'un ordre fluidiforme qui constitue l'atmosphère morale. Cette atmosphère est réceptive d'une sorte de sudation et d'arôme des sentiments ; l'air se charge de haine comme d'émanations chimiquement délétères. Il y a une pureté ou impureté de cette atmosphère seconde qui agit sur l'âme comme l'atmosphère gazeuse agit sur le corps.

Le grand secret de la magie pratique, l'unique, est la connaissance de ce fluide appelé lumière astrale, médiateur plastique, matière radiante, télesme, énormon et qui est à la fois la matière de la vie sentimentale et le moyen de toutes les actions morales, car rien ne se produit dans une sphère qui contredise à ses normes propres. L'homme, limité par ses organes, agit sur ses semblables, réagit sur lui-même, surtout se raccorde momentanément à sa cause, par ces causes secondes qui sont la limite de sa puissance ; et ce sont ces causes secondes qui forment toute la matière de la magie pratique, ce sont elles qui font les miracles ; ce sont elles qui relient la Providence à la nécessité, ce sont elles qui contiennent à la fois la fatalité et la liberté de l'homme. On les appelle secondes parce qu'elles sont la dilution des normes, filles de l'archétypes. C'est la dernière zone où la miséricorde puisse descendre, c'est la plus haute où le désir de l'homme puisse monter ; plan intermédiaire où se joue la tragédie sacrée entre Zeus et Prométhée, où les allégories des poètes à l'état d'entité verbale sont en conflit, comme les dieux de l'Olympe, ces représentants des sous-divinités, c'est-à-dire des divinités déléguées que nous appelons des anges en leur attribuant l'intémérabilité.

Le plus court chemin de l'homme à Dieu c'est la prière ; mais la prière exprime l'une des trois natures de l'homme et non son intégralité, et l'Eglise a tort de croire que la prière suffit à l'œuvre de Dieu comme si l'accumulation des forces, leur exaltation même en était la direction. La précation est d'autant plus puissante qu'elle est plus enthousiaste ; et l'enthousiasme crée de l'aveuglement et des excès. Il est indéniable que des crimes ont été commis par la foi ; notre nature imparfaite, chaque fois qu'elle s'exagère, est en sédition devant quelque règle et dès lors la chaleur en soi vivifiante devient homicide et la charité nous apparaît, la torche du bûcher à la main ; ce qui constitue le chef-d'œuvre c'est la mesure, la convenance parfaite, la proportion de l'idée aux mots. Principe restreint en lui-même, l'occulte est incapable de satisfaire à la substantation générale : l'occulte suppose le complet développement de la personnalité et une application qui n'a besoin ni de surveillance, ni d'excitateur. Le principe religieux par excellence, est l'obéissance militaire ; l'ascèse monastique, type le plus accompli de la religion s'efforce de briser la volonté ; au contraire, la magie exalte cette faculté ; le mage n'abdique jamais son raisonnement et ne cède qu'à sa propre pensée : il n'a d'autres supérieurs que ceux qu'il reconnaît, sa foi c'est sa conception et le prêtre n'est pour lui que ce qu'il vaut individuellement.

En retour, le mage reconnaît au prêtre son caractère d'huissier de l'au-delà ; il en reçoit les sacrements, non les instructions.

Les susceptibilités se retrouvent les mêmes aux matières sacrées qu'aux profanes, et, comme il y a rivalité entre le mage et le curé, il y a hostilité.

Le clergé méprise les laïques et quand le laïque est un théologien, le clergé le hait comme un concurrent. Cependant ces deux hommes n'agissent pas dans la même sphère et n'ont pas plus de rapport entre eux que le citoyen n'en a avec l'Etat. Dans l'extériorité, le mage doit du respect au prêtre, dans l'intimité ils sont indépendants l'un de l'autre, à peine même peuvent-ils se comprendre, alors qu'ils devraient s'aimer. La perfection du prêtre c'est d'émouvoir la sensibilité dans le sens du divin. Le mage représente l'abstrait, il peut occuper les plus hauts pouvoirs, mais seulement ceux-là. A peine pourrait-il être évêque, mais il devrait constituer à lui seul le sacré collège : seul homme d'Etat représentant la Providence, et précisément parce qu'il cultive en son esprit avec un soin perpétuel les antinomies, il est désigné pour résoudre toutes les questions d'ordre général. La méconnaissance commencée à Alexandrie entre les premiers pères et les néoplatoniciens a continué à travers tous les événements sans jamais se résoudre; cependant, un homme apparut dont l'œuvre est un concordat entre la magie et le dogme : Saint Thomas d'Aquin qui était l'élève de l'occulte. Il ne faut jamais oublier qu'Albert-le-Grand a été le promoteur de l'Aristotélisme, qu'il étudia dans des traductions faites sur l'arabe. Depuis, le tribunal Vémique, en passant par les ordres de l'hôpital et du temple, les fidèles d'amour de Toscane et de Sicile, les Rose-Croix et les Illuminés d'Allemagne pour arriver aux franc-maçons et aux sociétés secrètes exclusivement politiques, dans toutes les ruines on retrouve comme principal facteur, cette dissension du prêtre et du mage : l'un ne veut pas comprendre qu'il existe à côté du pastorat des âmes le pastorat des esprits ; l'autre se voyant repoussé de son rôle légitime tente par représailles de créer une religion intellectuelle — double et simultanée erreur qui pourrait cesser le jour où chacun renonçant sa propre injustice reconnaîtrait son adversaire pour en être reconnu. — Cet effroyable conflit entre l'âme et l'esprit de l'humanité, quand se résoudra-t-il? et l'heure actuelle, où tous les intérêts supérieurs sont également en péril, n'est-elle pas le moment désigné pour une entente entre ces frères-ennemis. Ce qui manque en ce monde c'est la bonne volonté ; l'être humain transportant ses passions, dans sa foi ou dans sa doctrine, devient d'autant plus irréductible qu'il s'entête sur une matière plus élevée : âne porteur de reliques, ébloui de sa pensée, il oublie son essence et s'identifie aux idées les plus hautes, socle qui se croirait la statue, acteur qui pense avoir créé le poème qu'il récite.

Malgré le témoignage de Platon et de Xénophon, Socrate, le citoyen idéal, qui eut même le suffrage de la Pythie, n'est pas le modèle qu'on croit communément : cet esprit lucide comme l'horizon grec, lui-même était borné par Athènes. Quel intellectuel, quel esthète n'eût pas adoré ce prodigieux coin de terre, qui produisit la beauté comme si elle sourdait naturellement ; mais entre Pythagore et le fils de l'accoucheuse, il y a une distance prodigieuse. L'un est pontife, l'autre est philosophe ; le mystère auréole le premier, la raison seule nimbe le second.

L'occultiste ne peut être un citoyen : il lui faudrait se solidariser avec des intérêts collectifs qui inclinent perpétuellement à l'injustice.

L'intérêt de la France est peut-être de posséder l'Algérie, la doctrine occulte n'admet pas, comme légitime, la conquête militaire : et s'il s'agit de prendre parti, d'agir, le mage, qui oublie la justice abstraite au profit de son pays, est le dernier des misérables.

Théoricien ou praticien du mystère, nul hermétiste n'a le droit de servir une passion, surtout nationale, et la servir avec les armes célestes serait l'abomination des abominations.

Le rôle providentiel de l'hermétisme est de tempérer, par la présentation perpétuelle de la justice, les violences et les infamies de l'intérêt individuel ou collectif.

Il est juge, il ne peut être partie : il est arbitre quelle complicité accepterait-il, lui fiancé à la pure lumière?

L'occultisme est un sacrement qui engage la neutralité de l'homme dans les conflits sociaux, s'il n'est pas en lui d'être le chevalier de l'idée et d'en prendre le parti.

Parler, agir, combattre et mourir contre ses dieux, serait le plus lamentable sort, celui de l'occultiste citoyen.

ARCANES
DU
MACROCOSME

XIV

L'occulte est non pas une religion, une science ou un art, mais la partie de la religion, de la science et de l'art, que l'Antiquité cachait au peuple d'alors.

XV

L'occulte est, non pas telle doctrine, car chaque cycle humain a modifié la vérité pour se l'assimiler, mais une méthode probatique applicable à toute doctrine, et on l'appelle l'analogie.

XV

L'analogie procède du connu à l'inconnu, du corps à l'âme, du phénomène au noumène, de l'homme au monde et du monde à Dieu : du visible à l'invisible, du fini à l'indéfini.

XVI

Mieux vaut implorer les sept dons du Saint-Esprit que conjurer les génies des sept planètes.

Concevoir Dieu, l'honorer, c'est déjà savoir la grande relativité dont tout découle et cela constitue une force et le premier de tous les conseils ; l'intelligence s'éclaire alors et se manifeste en sagesse.

XVII

En Magie, il n'y a pas de miséricorde, toute ignorance, toute omission est implacablement punie. Il est donc insensé d'y apporter des passions ou des intérêts.

XVIII

L'homme ne pouvant se diviniser par son désir, humanise Dieu pour le sentir. Il l'appelle « mon Père ».

XIX

Le Mage trop conscient et trop abstracteur pour oser la sainte familiarité se flatte de commander à la nature, en s'adressant à des forces indéfinies, et à une série spirituelle inconnue :

XX

La Magie ne connaît ni la bonne volonté, ni la pureté d'intention mais le seul résultat.

XXI

Celui qui nie l'autorité des conciles est anathème, mais cette autorité n'existe qu'en matière connue des conciliaires. Or, les Pères de Trente ignoraient tous les livres sacrés de l'Orient, comment pouvait-il reconnaître l'inspiration divine, sans aucun point de comparaison ?

XXII

L'Eglise est bien apostolique, mais non pas catholique : le sens de l'universalité manque absolument à la Papauté prise abstraitement. Le Mahométisme est le fils du Mosaisme : et le fils de David empêche le rayonnement du Fils de Dieu. C'est en matière religieuse que l'anti-sémitisme serait une nouvelle vertu cardinalice.

XXIII

Le saint miraculise ingénument ; il ne sait que la puissance de la prière et le miséricordieux écho de la grâce divine ; le thaumaturge opère scientifiquement, par sa connaissance des causes secondes.

XXIV

Apollonius lui-même n'a jamais atteint le rayonnement de Saint François d'Assise, même d'après Philostrate.

Celui qui par amour s'identifie à la cause première, l'emporte en puissance sur le conjurateur des causes secondes.

III

GLORIA

L'homme demeure insatisfait, malgré que ses besoins physiques soient repus; son bonheur demande d'autres éléments et si la magie paraît réaliser l'attente du petit nombre, la religion seule livre à la masse les apparences de mystère conforme à son aspiration.

L'individu primitif, opprimé par des nécessités immédiates, ne se posa aucun problème d'au-delà. Au sortir de la nécessité, il s'occupa de son devenir. Les êtres de loisir seuls ont interrogé le mystère; l'impérieuse voix des contingences doit se taire pour que se manifeste l'impériosité de l'âme. Soumis à des pressions différentes dont la force actuelle constitue la hiérarchie, l'homme, tant que son corps a faim ou soif, sera incapable d'idéal ou de pensée; pendant une accalmie de l'instinct, le problème du devenir se présentera : il le résoudra suivant son éducation et ses idiosyncrasies. Paracelse prétend que nous sommes subordonnés à trois nécessités et que la plus inférieure est aussi la plus despotique : tant que l'homme éprouve un besoin physique caractérisé, il est incapable de besoin moral, et une passion occupât-t-elle son âme, il ne perçoit pas les latentes appatences de son esprit. Donc, que le besoin soit satisfait, le sentiment silencieux, alors l'esprit s'active et résoud les problèmes qui lui sont propres. Composé de corps, d'âme et d'esprit conformément à la trinité personnelle de son unique Créateur, l'homme, dans la sphère où nous vivons, dépend de la norme actuelle, c'est-à-dire que son corps est plus immédiat que son âme et son âme plus immédiate que son esprit. Le corps limite le sentiment et l'idée, condition de la vie telle que nous la connaissons ; la vie se trouve niée dès que cette transition est contestée. Au monde des rapports, le plus immédiat est aussi le plus pressant, et si nous passons des mois sans passions, des années sans pensée, nous ne passons pas deux jours sans nourriture. Beaucoup de mystiques se sont trompés en niant, la nécessité du corps ; nombre de mages ont erré, en niant les fatalités de l'âme. On ne satisfait à l'esprit qu'après avoir satisfait à la chair ; la pensée se lève, lorsque l'amour et la haine se taisent en nous. Dans ce silence du besoin et du sentiment, l'impériosité supérieure se manifeste ; et alors, en présence de l'au-delà, nous éprouvons l'infaillible vertige de relatif à absolu et, troublés, nous cherchons comment notre imperfection opèrera son raccord avec l'éternel parfait.

La Révélation apparaîtra plus lumineuse que la science, non pas cette révélation du Sinaï où se manifestait un Dieu national, mais la véritable, celle de Notre-Seigneur Jésus-Christ, et que l'Evangile manifeste : destinée à l'universalité et des castes et des races, l'Evangile ne présente le mystère qu'à l'état réalisé ; il n'y a point d'abstraction, et la lumière ici est de la chaleur ; Jésus a dédaigné d'éblouir, il a sauvé, il sauve, il sauvera simplement, et cette simplicité est de Dieu.

Nul, dans l'Eglise, ne conteste l'excellence de l'Evangile selon saint Jean. Portant, devant la postérité, le titre de disciple bien-aimé il avait suivi Jésus après avoir suivi Jean-Baptiste, présent à la Cène, présent au Calvaire, son Apocalypse reste encore un défi aux plus subtils, et le commencement de son Evangile qui termine toute messe représentait l'initiation dans la primitive Eglise. A l'*ite missa est* la foule des chrétiens s'écoulait et alors seulement le célébrant disait, pour le clergé présent et pour lui, ces prodigieuses paroles. Eh bien, il renferme en ses quatorze versets toute la religion et toute la magie. Les commentateurs ne l'ont pas vu, sans en excepter Bossuet.

Au commencement on a traduit à tort par « dans le Principe »; il faut lire, au point où l'intelligence humaine peut remonter, au point de compréhensibilité *était le Verbe*. Le Verbe, c'est la volonté de Dieu, la volonté est à la fois la matière et la loi du monde ; cette volonté en s'extériorisant est d'abord une puissance d'être indescriptible, parce qu'elle contient en devenir toutes les modalités de l'être. Le Verbe est extérieur à Dieu comme la parole extérieure à la bouche, comme la pensée distincte du cerveau qui l'engendre. Au commencement était la pensée divine et la pensée était avec Dieu et elle était Dieu sous forme de mouvement ; et ce mouvement ne se détacha pas tout de suite de son auteur, opérant sur Lui-même une gestation formidable où le plus contenait le moins, en un amalgame harmonique. C'est la molécule divine contenant en puissance toute la parabole créatrice, qui reste un instant suspendue comme la bulle de savon à la paille, comme l'harmonique d'une parole prononcée. Dès que l'ombilication est coupée entre Dieu et sa pensée, une formidable distance s'établit entre Lui et son Verbe, car le mouvement de ce Verbe est un mouvement de descente, d'involution, d'incarnation. C'est ce Verbe qui est le Créateur, qui a tout fait ; ce Verbe contenait la norme, la pensée, la série spirituelle et enfin la vie. La vie est la lumière de l'homme puisque c'est le seul phénomène dont il soit conscient. La vie explique le néant comme toute chose explique son contraire, mais le contraire n'ayant pas d'existence propre, n'étant pas même un principe existant, mais seulement une déficience de principe, les ténèbres, c'est-à-dire les imperfections sérielles, demeurèrent la conséquence logique de la hiérarchie décroissante des modalités verbales. Les imperfections sérielles offrant une contradiction apparente au Verbe, il fut donné à certains hommes d'apporter le témoignage de leur volonté en faveur de la lumière afin que, réalisée par eux, c'est-à-dire *humanisée*, elle parut plus proche et par conséquent plus évidente. Nul homme ne peut être la lumière, mais plusieurs en ont été les témoins. Cette lumière manifestée par les témoignages est une évidence que tout homme peut retrouver dans sa conscience, car le Verbe est manifesté à tous les degrés de sa création ; le Verbe est le Créateur du monde, mais l'inconscience humaine assiste à l'effet sans concevoir la cause. Vainement le Verbe a voulu se faire reconnaître de ses créatures : il n'a pu outre-passer le degré de manifestation qu'il contenait, et les élus sont ceux en qui le silence des passions a permis au Verbe de se faire entendre, ceux-là du reste ne sont point des mortels ordinaires, quoique tous les mortels soient conviés au divin profit; ceux-là ne sont point de la famille humaine, par la forme fils de la femme, ils incarnent la volonté divine : ce sont les daimons qui ont fait sur la terre tout le bien qui a précédé la venue de Jésus.

Mais voici que le Verbe s'est incarné, nous l'avons vu des yeux du corps, nous l'avons touché de nos mains, nous avons senti le souffle de son baiser sur notre front, et comme nous l'avons vu sous sa forme humaine, nous l'avons vu aussi dans sa gloire : car celui-là est vraiment le fils unique du Père, et il n'était pas contenu dans le Verbe primitif qui contenait tout, et tous ses précurseurs étaient des enfants du Verbe et des témoins. Lui seul est le Fils de Dieu, Lui seul manifeste toute la vérité et apporte toute la grâce.

Or, il est incontestable que la Magie enferme une part de la vérité et une portion de la grâce, et nous devons les découvrir dans le Verbe du Christ, si nous savons écarter de notre vision du Calvaire, les voiles épais de la Thorah hébraïque. Sabaoth est l'antinomie de l'*Agnus Dei*, Sabaoth est synonyme de Allah, Sabaoth est un blasphème : et le successeur de Mosché, hélas, c'est Mohammed.

Qui donc s'est élevé pour dire que l'idée de Patrie était la grande prostituée universelle, et l'homicide toujours l'homicide même commis par cent mille sur cent mille ? Est-ce le Pape, non, mais Tolstoï : et tous deux sont chrétiens : mais l'un a senti le cœur de l'Agneau battre dans son cœur : il y a donc une bonne nouvelle à annoncer que le catholiscisme n'annonce pas ; les uns sentent la présence et la toute-puissance des lois cosmiques ; les autres, rudimentaires ou dégénérés, ne la sentent point.

L'*Inops* ne perçoit pas, sur lui et autour de lui, l'immanence d'une volonté éternelle, mais l'Ops ne ferme pas son esprit aux évidences métaphysiques, et pour lui, le problème est immédiatement posé : ou bien un principe d'ordre régit l'univers et l'individu, et toute transgression de la norme implique une représaille, c'est-à-dire un châtiment, ou bien l'harmonie est un accident de la vie générale.

Même dans le doute, l'individu réfléchi réalisera en soi le principe harmonique : la plus courte expérience enseigne que l'harmonie est un principe consonnant à la santé, à la durée, enfin à la confirmation de toute matière où elle se manifeste.

Quiconque interroge le mystère par l'adoration ou par l'effort intellectuel fait, par son interrogation même, un acte de foi à l'Au-delà, auquel il s'identifie par la pensée ou l'oraison.

Il ne faut pas trop s'étonner de la place que tient

le diable dans la magie, il occupe une haute situation dans la religion.

Le mystique et le sorcier, c'est-à-dire l'homme de bien et l'homme de mal, ont des notions parallèles et également irréfléchies.

Le dualisme, qui a été une déformation de la doctrine Mazdéiste, se retrouve dans l'hérésie de Manès.

Au milieu du second siècle, ce Manès ou Manichée formula l'existence de deux principes primordiaux, idée puérile qui ne supporte aucune critique et reproduit simplement les tendances de l'instinctivité. De ces fausses prémices se dégageaient de louables conclusions.

« La fin de l'homme consistait — pour eux — à dégager la substance divine de la matière brute. Ils rejetaient l'Ancien Testament et un titre d'honneur pour eux, était la détestation des empereurs. De 285 à 491, ces sectateurs furent bannis, dépouillés et tués. La mère de l'empereur Anastase à la fin du ve siècle, Gallinis au viie siècle protégèrent cette communion. Il se fit une sorte d'entente entre eux et les mahométans. Au xie siècle ils reparurent en France sous le nom d'Albigeois, et c'est dans leur rang que Jean Huss recruta ses premiers adeptes.

Notre époque, incapable de se passionner pour une question théologique, se figure difficilement le fanatisme des périodes primitives. Rien n'est plus difficile que d'instruire le procès des anciennes sectes. Les passions locales une fois écartées, il reste une doctrine intolérante parce qu'elle exagère une vérité.

L'opinion, en matière occulte, est restée manichéenne par la division de la matière : Théurgie et Goëtie, magie et sorcellerie. Une démarcation primordiale paraît à l'analyse : le goëte passionnel, ignorant, procède par l'exaltation de la sensibilité ; le théurge, toujours intellectuel, savant, opère par le développement rationnel de l'intelligence. Toute la propension vers la magie vient de cette idée qu'elle permet l'injuste et le facilite.

Lorsque Eliphas Levy nous dit dans son rituel : « Il faut être prompt et actif comme les sylphes, flexible et attentif aux images comme les ondins, énergique et fort comme les salamandres, laborieux et patient, comme les gnomes, pour dompter et asservir les esprits élémentaires. » Cela est exquis d'évocation, mais cet homme si prompt et actif, si flexible et attentif, si énergique et fort, si laborieux et patient, sera extraordinaire ; et cependant, on doute que le monde entier soit à son service, que la pluie ne puisse le mouiller, ni le vent déranger un pli de son vêtement.

« Il traversera le feu sans être brûlé, marchera sur l'eau, et verra les diamants dans l'épaisseur de la terre. »

Voilà qui est fort douteux ; mais ce qui l'est aussi c'est qu'un homme, à ce degré d'évolution, aille par distraction marcher sur les flots et s'inquiéter des diamants ; autres, seront ses préoccupations.

Les Mages ont trop promis de biens positifs que la Magie ne donnera pas, car au physique que l'impuissance de l'homme éclate. Aucun pouvoir ne permane dans l'homme : sa volonté a les relâches et les stérilités du génie. Inspiré à certaines heures, il retombe en des dépressions proportionnelles à son exaltation.

Quelles sont les mémoires que l'humanité garde en son cœur, quand il ne s'obscurcit de bas intérêts : celles des daïmons, de ces êtres intermédiaires entre l'homme et l'ange et qui réalisent du ciel sur la terre, semant de l'idéal comme on sème du blé, et sans lesquels nous serions inférieurs aux brutes. La terre ne produit que des instincts ; la renonciation, le dévouement, la lumière viennent du ciel par les daïmons.

La hiérarchie a son sommet dans les fondateurs de religion, ceux que la légende appelle de noms divins, les Oannes, les Trimegiste, les Orphée, les Moïse, les Manou, les Zoroastre : ceux-là ont rendu témoignage à la lumière et ils l'ont fait voir à des races entières. Après eux, viennent les occultistes, les mages, les philosophes, tous ceux qui ont enseigné la sagesse et recherché la conception du mystère.

L'Eglise, au lieu de les honorer, les ignore, elle veut donner au christianisme une floraison instantanée et conçoit comme dans le dessin de Chenavard, le dernier triomphe romain qui passe sur une catacombe où se célèbre la messe. Jésus l'a dit lui-même : comme Dieu il disposait des légions angéliques ou plutôt de sa propre divinité et, dès lors, il pouvait vaincre même les cœurs et y pénétrer, lui créateur ; mais il était dans l'essence de la Rédemption, qu'elle s'opérât humainement, et, dès lors, pourquoi s'inquiéter comme d'une diminution de gloire de l'Essenisme qui venait de la Perse, parcourue par les missionnaires boudhistes.

Pourquoi veut-on sans cesse déshonorer les aïeux et souligner son propre effort en niant celui des prédécesseurs.

Le mystère a encore d'autres pontifes, les génies ; les architectes des temples sont les théologiens de la forme. Que reste-t-il de la religion admirable de l'Egypte : des temples en ruine et cela suffit pour témoigner d'elle. Combien d'esprits cultivés ne se souviendraient plus du catholicisme si la peinture ne leur remettait sans cesse les dogmes même sous les yeux.

Les prônes éloquents ont lieu dans les musées,

qui seraient des églises si le choix des œuvres était plus sévère : le poète, le romancier même sont des artisans de lumière ; ils émeuvent la sensibilité, et, audessus de toute autre manifestation littéraire, le théâtre grec apparaît un tremplin d'idéalité, une cérémonie morale où la pitié s'épanouit, l'âme étant provoquée à s'ouvrir par tous les prestiges réunis.

On s'étonne de trouver des artistes hominalement inférieurs à leur œuvre : et l'intellectuel induit une dépréciation de cette inconscience fréquente. La faculté de créer n'implique pas l'esprit de synthèse : Raphaël n'aurait pas commenté Platon, mais il a composé l'école d'Athènes : le chef-d'œuvre sera toujours le grand œuvre.

Evoquer des fantômes, recevoir des souffles froids, frissonner et même apercevoir des choses inouïes, cela reste une moindre opération que de fixer dans une œuvre immortelle un reflet divin.

ARCANES
DE
L'ANALOGIE

XXV

La défense victorieuse du christianisme n'est possible que si l'on répudie le legs sémitique.

Dieu d'Israël, Dieu d'Abraham sont des blasphèmes ou bien disons : Dieu des Italiens, Dieu d'Hildebrand : expressions que nul n'a écrites et que tout le monde lit.

XXVI

L'Archée est le point où descend l'Absolu et où l'homme peut élever sa compréhension.

Le Logos c'est tout le devenir encore indevenu ; ce sont toutes les modalités encore ombiliquées à l'archètype, c'est l'immense gerbe des rapports encore liée. La cellule idéale s'agglomère, le divin mouvement se prépare à la parabole créatrice. Le Logos qui était en Dieu va se détacher, comme une parole s'envole des lèvres : et la vie commencera, seule lumière des hommes.

Il faut donc que la lumière s'humanise afin que l'homme s'illumine.

Bénis et glorifiés soient ceux qui furent choisis comme miroirs vivants de l'idéal, mais adoration au Logos incarné, lui seul est la voie, la lumière et la vie.

XXVII

Tout être exclusivement animique est manichéen, et la magie a deux pôles dont l'un est noir et où grouillent, à défaut du diable chef, les élémentaires et les élémentals.

XXXIII

La théorie de l'androgyne ou daïmon, qui n'appartient ni à l'orthodoxe occulte, ni à la religion, explique seule l'existence, sous une forme semblable, de Léonard de Vinci et de Mac-Mahon, de l'omnipuissance et de la stupidité.

XXIX

Celui qui mène l'homme à Dieu, quel que soit le chemin, est la plus noble des créatures.

Celui qui éloigne l'homme de Dieu, quel que soit le motif, est la plus infâme des créatures.

Entre ce point d'auréole et cet autre d'ignominie, la hiérarchie se déroule d'elle-même, chorie sublime qui va de Manou à Sophocle, de Pythagore à Lacuria et de Phidias à Wagner.

XXX

Le génie, c'est la suprême magie et le chef-d'œuvre, le vrai grand œuvre ; mais le génie, ce n'est pas Rubens et le chef-d'œuvre, ce n'est pas le Décaméron.

IV

OREMUS

Quiconque étudie la vie, dans son ensemble phénoménique, découvre que le libre arbitre humain évolue entre deux pressions égales en essence, inégales en actualité, qui s'appellent de leurs noms physiques : l'inertie et le mouvement ; au moral et à l'intellectuel, il y a aussi un perpétuel conflit entre la dynamique et la statique : ce que qu'Eschyle a incomparablement exprimé dans sa Prométhéide.

L'élément conservateur analogue à l'inertie demeure sous la pression du passé ; l'élément actif, au contraire, excité par les forces latentes de l'avenir, sollicite perpétuellement la volonté de l'homme. Sagesse, salut, succès, génie, toute pensée et tout acte, tout événement se réduisent pour l'analyste à ce même conflit. Le saint résoud l'antinomie par une adhésion complète à la Providence ; cela s'appelle la conformité à la volonté de Dieu, terme inexact à moins qu'on ne considère le divin vouloir dans les lois connues. Pour ne pas désorienter l'âme simple toujours obstinée à considérer Dieu comme un père selon la chair, l'Eglise a enseigné que pas un cheveu ni une feuille d'arbre ne tombait sans la permission du Très-Haut, et cela est vrai si l'on considère que l'arbre obéit à son espèce, au sol, au climat et enfin à toutes les circonstances des normes naturelles. Mais la formule a été autrement comprise : l'homme a voulu se persuader qu'il était pour Dieu un actuel objet de préoccupation et il est arrivé à saluer dans les fléaux, hommes ou cyclones, la volonté du Créateur qui ainsi se trouve responsable de toutes les déformations du cosmos. Il ne faut pas discuter avec la foi, parce que la foi n'a rien à recevoir de la discussion : celui qui croit est comme celui qui aime ; il n'a que faire des motifs, quand il est mû intérieurement par l'enthousiasme. Il faut discuter avec le doute, le scepticisme et l'incertitude ; il faut montrer à ceux qui ont plus d'esprit que d'âme les dogmes spirituels ; or, la conception d'un Dieu qui intervient dans son œuvre comme un jardinier entretient, émonde et travaille son jardin est d'un antropomorphisme puéril : la création entièrement conçue dans l'instant même où elle a commencé et les six jours en six périodes sont des formules sans valeur. Chaque fois que nous parlons de Dieu, il faut mettre le verbe au présent sinon les paroles énoncées n'ont plus aucun sens. En Dieu, tout est présent, de toute éternité, et, quoiqu'il nous soit impossible de comprendre la simultanéité de la création et de la rédemption, il est cependant certain qu'entre un acte agissant et une puissance d'être devant agir, la différence étant temporelle, divinement n'existe pas. S'il fallait expliquer pourquoi Dieu s'est incarné il y a dix-neuf siècles, on ne pourrait donner aucune raison que banale comme l'état d'immoralité. L'incarnation existait en puissance d'être dans la création et les mérites de Jésus-Christ n'ont pas seulement un effet postérieur à Lui, mais aussi un effet antérieur. L'Eglise se déclare avec raison la véritable société des chrétiens, mais elle méconnaît les chrétiens d'avant le Christ, c'est-à-dire ceux qui ont fait des œuvres messianiques. Qui conquiert des chastetés sur l'instinct, des renonciations sur l'égoïsme, qui voit et qui montre aux autres un point de perfection, celui-là est un chrétien, celui-là est un Messie. On a parlé récemment d'un congrès des religions, idée ingénue. La religion, incarne le principe d'autorité et l'autorité qui accepterait d'être discutée ou comparée, ne serait plus qu'un vain simulacre. L'unification de la conscience universelle est un beau rêve, mais pour le faire il faut ignorer et la philosophie et l'histoire. Une religion, comme un monument, concrétise une âme collective. Celui qui a échangé des idées abstraites avec des individus appartenant au groupe caractéristique de l'espèce, sait parfaitement que l'âme des races jaunes ne se substante pas de la même nutrition morale que les sémites ou les Aryas. Quoi de plus légitime et de plus noble que de vouloir communiquer à tous la vérité que l'on possède : le prosélitisme est une des formes les plus élevées en soi de la charité et cependant le prosélitisme a donné lieu au plus grand crime que l'histoire mentionne. Même saint, même mage, l'homme conserve une telle imperfection que ses qualités, ses vertus le poussent au crime s'il ne réagit point contre la déformation passionnelle de la doctrine. A écrire un traité des passions il faudrait consacrer une section aux passions religieuses, c'est-à-dire aux désordres qui naissent de la foi. La Société ne nous présente-t-elle pas des traits permanents de passions coupables, sous forme de sentiments nationaux. Le viol, considéré comme un acte barbare, n'a jamais été reproché à aucun officier dans aucun pays, or le viol est l'exercice régulier de tout soldat vainqueur : l'homme poussé par la faim, qui prendrait un pain chez le boulanger, serait déshonoré et ferait six ans de prison ; la famille qui a pris la Pologne jouit de la plus grande considération et le brigand incomparable qui avait rêvé de changer le monde en un bagne, dont il eût été le garde chiourme, dresse encore sa grotesque figure non-seulement sur les places de Paris, mais dans l'âme d'esclave de l'humanité. L'homme reste féroce même aux pieds de Dieu : l'auto-da-fé marque qu'il faut se méfier des personnes et des choses sacrées : ce domaine offre d'incomparables prétextes à la tyrannie et à l'exaction. Aucun catholique parmi les plus fervents ne verrait sans terreur le pouvoir passer aux mains des prêtres, et l'auteur de ce livre, si l'Eglise triomphait dans les pays latins, devrait abandonner ces pays pour éviter l'inquisition. Certes, l'Eglise, comme l'Etat, assumant une charge d'âmes a le droit de défendre ses ouailles des contagions morales. Il y a des paroles délétères, il y a des prédications qui empoisonnent, mais il ne faut pas confondre la police générale des âmes et le droit de quelques esprits. Le troupeau ecclésial doit paître paisiblement et les réformes doivent lui venir de ses pasteurs eux-mêmes ; mais la vie intellectuelle de l'humanité a droit à son libre cours pour que les œuvres du Saint-Esprit se réalisent. Ceux qui, dans le monde latin, attaquent la divinité de Jésus-Christ sont des malfaiteurs ; cette race n'a d'autre but que le Verbe du Calvaire ; mais ceux-là qui vont dans l'Extrême-Orient contredire le culte des ancêtres et enseigner à des Mongols qu'il faut adorer le descendant des rois d'Israël, ceux-là sont aussi des malfaiteurs. Depuis que les temples de la Grèce ont cessé leurs oracles, ni le clergé, ni les hommes de pensée n'ont compris l'effroyable lacune qui existait dans la civilisation. Repoussé par le prêtre, le penseur indépendant a perdu de vue ses responsabilités morales et l'Eglise a trouvé plus simple de travailler au discrédit de la science qu'à opérer son concordat avec elle. Actuellement, le penseur et le prêtre n'échangent plus que des formules de dédain et leur méconnaissance mutuelle désoriente les esprits puisqu'ils représentent chacun une indiscutable part de vérité. La divinité, une d'essence, doit être conçue sous la forme ternaire ; la vérité revêt donc trois formes, trois personnalisations pour être complète. La religion et la philosophie procédent d'un troisième pouvoir spirituel équilibrant les deux autres. Il est extraordinaire que cette nécessité ne soit pas sentie. Plusieurs fois dans l'histoire moderne, cette impérieuse nécessité se présenta à de grands esprits ; mais les uns manquaient de puissance matérielle, les autres comme Huges des paiens, ont provoqué la compétition des pouvoirs politiques et, de nos jours, les initiés ayant toute liberté pour parler, seraient moins entendus que jamais. Dans ces temps inquiets où la pensée était en péril dès qu'elle s'exprimait, sous l'allégorie souvent grossière, du moins, la moindre parole suscitait des échos prolongés. Avec la faculté de tout dire est venue une indifférence telle chez l'auditeur que, avant de le convaincre, on s'aperçoit qu'il faudrait l'intéresser. Les contemporains comprendraient difficilement cette violence des hérésies qui mettait les armes à la main pour l'interprétation d'un texte sacré. Par l'éducation, on peut agir encore. Malheureusement, les inconscients du pouvoir, au lieu de cultiver l'âme dans un sens religieux même sectaire, se sont attachés à détruire la religiosité en tant que faculté, et dans dix ans nous pourrons voir une génération qui sera entièrement inculte, au point de vue moral.

L'initiation a toujours répondu aux postulants qui demandaient de participer au mystère : « connais-toi toi-même », et Pythagore, qui représente la plus grande élévation de la pensée hellénique, indique dans ses vers dorés de ne jamais s'endormir avant d'avoir fait son examen de conscience et d'avoir pris des résolutions pour le lendemain. L'Eglise, qui met les plus hauts exercices de l'âme à la portée de tous, a institué la confession afin que l'être se connût et, regardant en lui-même, se réformât.

Eschyle, dans son incomparable Orestie, nous montre une doctrine bien plus proche du christianisme que celle de l'Inde. Dans le cas d'Oreste, le coupable implore de la religion une purification et, dans la personne même d'Apollon et d'Athéné, elle lui accorde l'absolution. On ne songe pas assez quand on discute le sacrement de la confession que la remise de la coulpe qui correspond à la contrition n'implique pas la remise du dam qui nécessite la réparation. Le plus grand tort actuel des confesseurs est d'appliquer avec rigueur une formule du catéchisme qui remonte à une époque où il y avait une vraie proportion entre les pénitences et les péchés, c'est la recommandation de ne pas oublier les circonstances notables du délit. Or, rien n'est dangereux surtout vis-à-vis des pénitentes comme ces récits inconsciemment romanesques ou lascifs et qui entraînent le prêtre à des questions d'un effet dépravant sur le fidèle; il s'est glissé dans la pratique une casuistique bizarre qui considère comme à peu près véniel l'adultère lorsqu'il n'est pas consommé selon la chair. Autre chose est la confession, sacrement savamment conçu de culture animique; autre chose est la direction, formule aristocratique du désœuvrement moral. La magie seule explique pourquoi la confession ne peut pas être intérieure comme la prière, pourquoi il faut le truchement du prêtre pour que la grâce du sacrement opère. Lorsqu'un sorcier guérit magnétiquement un malade, il va ensuite rejeter le fluide contaminé dont il s'est chargé sur un arbre ou un animal qui peu après dépérissent et meurent.

Le prêtre ne pourrait pas supporter le poids moral de la confession s'il ne puisait dans la communion ecclésiale une sorte de préservation. Les pénitents éprouvent en sortant du confessional une impression d'allégement : physiquement, ils se sentent dispos. Or, il faut prendre garde aux effets physiques des mouvements moraux, car ils sont les meilleurs indices de causalité ; une sensation ne se discute pas, elle est réelle du moment qu'elle est perçue même par action réflexe. L'occulte et la religion ne conçoivent pas semblablement la pénitence : l'un commande de se retirer violemment du péché et de se précipiter dans la vertu sans perdre de force à pleurer les fautes passées ; l'autre s'attarde à considérer ses péchés afin d'augmenter en lui la contrition ; or, la contrition consiste surtout dans ce que l'Eglise appelle la satisfaction et qui est de deux sortes : l'une envers Dieu et l'autre envers le prochain. Le catéchisme prescrit la prière, le jeûne et l'aumône. Le jeûne qui s'allie mal avec les exigences de la vie moderne ne présente que peu d'intérêt ; autant les excès du boire et du manger sont des prodromes d'avilissement, autant une nourriture rationnelle et modérée est un gage de bonne conduite. Il faut établir dans son organisme le plus grand calme possible et la diète modificateur important de la sensibilité, déterminant de la fièvre par conséquent prédispose à du désordre ; il faut suivre l'exemple des saints, non pas leur hygiène : ils provoquaient la tentation et la difficulté, nous serions téméraires de les suivre en cette voie sans en avoir les grâces spéciales.

La Goëtie présentant la caricature tragique de la religion, on y trouve appliqués au mal comme point de départ des analogues aux mortifications mystiques. Lorsqu'une sœur de charité s'entraîne à tuer en elle la répulsion instinctive que cause la vue des plaies, elle pratique une ascèse divine.

Mais lorsque la charité n'est pas le mobile de ces efforts extraordinaires, il ne faut pas toujours les considérer comme les meilleurs mérites. L'enseignement orthodoxe distingue une contrition parfaite qui est le regret d'avoir transgressé la divine loi d'harmonie et l'attrition ou seule crainte du châtiment afférant au péché. Il y a aussi deux sortes de satisfaction : celle où le pénitent abandonne sa prévarication et change de vie et celle où il se borne à des résolutions sans effet. C'est au prêtre, huissier de la divinité, que le pénitent signifie son repentir, c'est lui qui signifie au pénitent l'acceptation de ce repentir. Aux initiations, dans les collèges de l'antiquité, le récipiendaire se purifiait par un aveu verbal pour monter au grade supérieur. Le catholicisme a vulgarisé pratiquement les anciens mystères, offrant ainsi le patrimoine de l'aristocratie au commun des êtres. Par analogie, l'esprit comme l'estomac éprouve dans l'assimilation un besoin idiosyncrasique de variété : il y a des âmes blasées qui restent sans appétence devant de saines et robustes formules et qui s'émeuvent à une énonciation maladive, inférieure, mais conforme à eux-mêmes. Qui n'a convaincu par des raisons médiocres mais identiques à l'auditeur ? Cette considération suffirait pour légitimer l'individualiste, dans l'expression des vérités. Les hommes se choisissent selon leur faiblesse et voilà pourquoi une démonstration en soi emporte la résistance, tandis que le raisonnement classique de la matière passerait inécouté.

Homme, sois humain ; la religion et la magie te proposent de devenir un Dieu ; la nature t'incite à devenir un animal ; sois un homme.

Vivant, que penses-tu faire de ta vie ? Tu peux la réduire à la satisfaction de tes besoins ; tu peux l'élever à la satisfaction de tes désirs.

Tes besoins, expriment ton espèce et tes désirs expriment ta personnalité.

Les besoins sont relatifs à la vie ; tous les désirs sont relatifs à la survie.

Actuellement, tu n'es que ce que tu peux ; éternellement, tu seras ce que tu veux : avec cette limitation que le désir injuste, c'est-à-dire inharmonique, entraîne un châtiment et n'est pas exaucé.

Fais concorder ton désir avec la notion d'universelle harmonie et crois que ce n'est pas l'homme qui a créé l'idéal et que ses justes rêves ont leur réalité dans l'au-delà.

La définition de Dieu est tour à tour l'Absolu, l'Eternel ; par conséquent, si tu te bornes aux cinquante années de la vie moyenne de ton espèce, tu ne trouveras pas de préceptes moraux qui puissent te servir.

Même, si tu n'as pas une obscure conscience que la mort physique n'est qu'un entr'acte de la vie, tu te voues toi-même au devenir le plus limité ; car, Dieu dans sa miséricorde réalise nos vœux les plus excessifs, mais sa justice l'empêche de nous donner ce que nous n'avons pas conçu.

L'évolution de l'être dépend donc de sa conception et de l'identité de ses actes avec cette conception.

Le froid, la faim, la soif sont des phénomènes indiscutés, leur domaine est le corps, tierce partie de la personnalité humaine.

L'âme a besoin de sympathie et d'émotion, et l'esprit de mystère.

Il est donc certain et de constatation journalière que celui qui ne souffre pas en son corps peut souffrir en son âme, et que celui qui ne souffre, ni en son cœur ni en son âme peut souffrir encore en esprit.

Or, chaque fois qu'il y a souffrance, il y a imperfection, et s'il y imperfection, il y a lieu de modifier l'individu jusqu'à extinction de la douleur.

Souffrir est un verbe qui n'a pas besoin de commentaires, pour être compris.

Il y a trois sortes de douleurs : la douleur subie, la douleur consentie et la douleur voulue.

La douleur subie est celle que l'être ne peut éviter ; la douleur consentie est celle qu'on accepte parce qu'elle est présente ; la douleur voulue est celle qu'on provoque parce qu'on en espère des biens consécutifs.

L'une est animale ; l'autre est religieuse, la troisième est divine.

La pitié commune se trompe en estimant les seuls actes des mystiques ; à un certain degré, la douleur morale devient une perception indivise entre le plaisir et la peine.

La loi d'intensité tend perpétuellement à rapprocher une chose de son contraire, l'extrémité de la souffrance est une forme surélevée de la volupté.

Et cela explique la béatitude que l'histoire attribue à ceux qui, exaltés comme les martyrs, ont souffert des maux extraordinaires dans un état d'âme plus extraordinaire que ces maux eux-mêmes.

Présenter les saints et les docteurs comme des modèles à suivre, c'est proposer l'exemple du génie au moindre élève d'humanités.

L'exception ne doit pas servir d'exemple ; ce que l'Eglise appelle le Salut et la magie, le Devenir s'opère par la manutention de ce qu'un être contient et non par la présomption de cet être s'efforçant vainement vers les fins dont il ne possède pas les potentialités. Dans l'harmonie cosmique, le végétal qui prétendrait à l'animalité serait en formule de désordre et de rébellion ; de même dans l'humanité tous ceux qui se proposent des fins injustifiées se préparent des châtiments.

Le bonheur social d'un homme réside pour lui à connaître ce qu'il peut et à faire de sa possibilité les limites mêmes de sa volonté ; de même dans le sens indéfini du devenir, le salut de l'homme dépend d'une proportion entre ses potentialités et ses vœux.

Et c'est pourquoi, en l'insistance de ce discours qui n'a d'autre but que ton bonheur, ô qui que tu sois, je t'ai dit : Homme, sois humain ; à moins qu'une impulsion céleste ne te pousse, ne cherche pas à réaliser un autre idéal que celui de l'humanité ; il est assez haut pour t'assurer sinon l'immortalité en ce monde, du moins ce qu'on appelle le Paradis dans l'autre.

Recherchons maintenant quel est l'idéal humain et à quel prix l'opinion décerne les palmes. Ici je dois mentionner l'écart énorme qui sépare le suffrage compétent de l'humanité, de son suffrage passionnel. L'intérêt, qu'il soit contingent ou moral, dénature chez la plupart des êtres les notions essentielles. Il faut donc soustraire de l'opinion générale les jugements qui sont entachés d'une partialité évidente : et dès lors les gloires locales, expression d'un égoïsme collectif, cessent de compter dans la balance philosophique.

Tandis que le commun des hommes s'appuie aux évidences physiques, la réflexion impose à l'être conscient de ne reconnaître pour valable que ce qui est revêtu des caractères inimitables de l'abstraction.

Or, ces caractères se réduisent à une formule : l'identité à travers les temps et les lieux ; ce qui rejette toutes les gloires nationales et tous les utilitarismes restreints.

La souffrance subie est une nécessité, la souffrance provoquée est un héroïsme.

Ce livre n'est pas le livre des héros : ce livre n'est pas le livre des méritants, c'est simplement celui des conscients, de ceux qui appliquent aux matières éternelles cette prudence et ce soin qu'on accorde communément aux choses matérielles.

Tout verbe qui oserait raturer le Verbe de Jésus serait un inutile blasphème. Ce qui a été fondé sur le Calvaire ne peut subir ni diminution ni changement, mais il faut se souvenir que l'œuvre d'un Dieu n'est pas une œuvre humaine et les exemples trop sublimes doivent être modérés pour être suivis.

L'univers n'a qu'un besoin : l'harmonie ; la société n'a qu'un besoin : l'ordre ; l'homme n'a qu'un devoir : c'est de consonner à cette harmonie et à cet ordre.

L'Agneau qui efface les péchés du monde ne nous oblige pas à une humanité de Messies, qu'en réalité nous ne pouvons être. Les Anges l'ont dit au moment de la naissance du Sauveur : « Paix sur la terre aux hommes de bonne volonté. »

La bonne-volonté est cette disposition de l'âme qui, sans nous flatter d'aucune ambition morale, nous rend dociles aux saints enseignements.

La théologie classe la tristesse parmi les péchés et quiconque a connu de vrais mystiques sait qu'ils sont gais et riants.

La conception gémissante du salut n'est donc pas plus vraie que toute autre conception. Il suffit d'accepter la douleur lorsqu'elle arrive et c'est une témérité d'imiter les saints qui excitaient en eux la tentation pour le mérite de la vaincre. S'il était permis de les juger, il faudrait dire qu'ils se trompaient, mais le saint comme le génie relève de lois particulières et qui échappent à l'entendement du commun.

Le salut peut se concevoir d'une façon joyeuse ; ainsi la race grecque a-t-elle préféré le sourire du mystère à ses pleurs.

Le Christianisme, succédant aux orgies romaines, a dû forcément s'accentuer en réaction du désordre auquel il succédait.

Et comme il y a proportion entre l'action et la réaction, le sentiment religieux a subi une exagération de tristesse sans connexité réelle avec le dogme lui-même.

Il y a plusieurs façons de concevoir la même formule et les expressions de joie ou de mélancolie s'appliquent également à l'ascèse religieuse. Si un chrétien vient à penser qu'il méprise en sa prévarication l'amour et le supplice d'un dieu : cela est propre à le jeter au désespoir : mais s'il réfléchit qu'il n'a qu'à prier sincèrement et à aimer relativement le prochain, il reprendra confiance malgré son indignité et opèrera son salut dans la sérénité comme d'autres l'opèrent dans l'effroi.

Si l'on disait aux fidèles : « le repentir est un mouvement stérile de l'âme, » on en scandaliserait plusieurs et cependant la contrition c'est de changer de conduite et de réparer.

Si tu as volé, il faut rendre et à celui-là même que tu avais lésé ; si tu as mal parlé, il faut parler à nouveau et dans des circonstances analogues ; si tu as desservi quelqu'un, il te faut le servir ; si tu as négligé Dieu, il faut redoubler de prières.

Mais ne prends ni pour de la vraie piété, ni pour de la vraie prière, certains mouvements d'âme confus où l'imagination a plus de part que le ferme propos. Agir est la seule preuve de pensée. Quand une action mauvaise a été commise, il faut commettre une bonne action au moins équivalente ; quand le prochain a subi un dommage, tu lui dois un avantage ; si tu as témoigné trois fois pour l'erreur, tu dois témoigner sept fois pour la vérité, car, retiens-le en ton esprit, la conséquence de toute pensée suit celui qui l'a conçue d'une façon indéfinie et ne peut être effacée que par une formule proportionnellement opposée.

ARCANES
DU
PSYCHURGIE

XXXI

Un antropomorphisme détestable légué par Israël à l'Eglise, est cette attribution à Dieu de tout événement funeste : et si la foudre tombe pendant les vêpres, tous les crétins du cabaret se gaussent.

L'enchaînement de la causalité à la finalité englobe toute la parabole du possible, en une triple parallèle. Tout événement ou apparence providentielle a trois causes : l'une physique, l'autre morale, la troisième métaphysique, et Dieu n'y est pas autrement présent, à moins que l'homme ne le provoque ou ne l'invoque, auquel cas nous entrons dans le surnaturel ou domaine des causes secondes.

XXXII

Ce qui rend impossible de parler de Dieu dignement c'est la différence du temps à l'éternité. Le passé et l'avenir sont des idées propres à l'homme ; Dieu est, le présent seul s'applique à lui. Cela est si peu conçu, que l'exégèse et la polémique ont également accepté cette invraisemblable abandon où Dieu laissa sa créature pour venir la rédempter il y a dix-neuf siècles alors que sept mille auparavant il y avait des hommes qui péchaient et qui pensaient. On accorde à la Messiation qu'elle s'étendait au futur, mais non pas qu'elle nassait aussi le passé pour cette simple logification, que tout acte divin est présent dans la durée entière, par cela seul qu'il est divin.

Les mérites de la passion ont commencé leur application à l'apparition de l'homme et ne la finiront jamais.

XXXIII

Le devenir sera la réalisation de notre idéal. Nous n'aurons rien sans l'avoir demandé.

XXXIV

Magiquement, rien n'est que ce qu'on croit, rien ne sera que ce qu'on espère, rien ne nous sera fait que ce que nous avons fait.

L'éternité aura donc la splendeur de notre foi, la beauté de notre espérance et la chaleur de notre amour.

XXXV

La miséricorde apparaîtra au jour éternel identique à la justice.

XXXVI

La réalité subjugue les âmes ordinaires et peu développées, sensation conforme à l'espèce.

V. — L'OCCULTE CATHOLIQUE

Si l'âme s'élève et se dégangue, l'extériorité l'étreint de moins en moins; le martyre a opéré la transmutation de la douleur en joie; les phénomènes physiques cèdent au phénomène psychique, lequel est encore dominé par l'intellectuel.

La dérogation aux lois de la nature, fameuse définition du miracle chez les dévots, est en effet une substitution de causalité.

Quand la loi corporelle est transposée, c'est par la loi supérieure de l'âme; cela est extraordinaire, mais non pas anormal.

V

EPISTOLA

L'idéal le plus répandu se résume au mot progrès ; pour le concevoir, il faudrait savoir les origines et supposer le devenir. Le contemporain ne sait d'où il vient, ni où il va ! il aspire à une augmentation de puissance positive et sa notion dans les mœurs s'appelle bien-être dans les sciences-industries. Conquérir des zones sur la résistance cosmique, sans s'informer des limites où cette conquête devient funeste, est une conception matérialiste qui nie implicitement le monde supérieur.

Le contemporain modifie les moyens de sa volonté oubliant de modifier sa volonté elle-même ; il ne comprend plus les nouveaux phénomènes qu'il suscite. En augmentant son activité matérielle, le moderne tombe en atrophie morale ; ses activités ne sont que ses nécessités. Sur le monde élémentaire se développe actuellement sa puissance. Défricheurs qui rasent une forêt pour établir une usine, les savants n'ont pas expliqué leurs découvertes, ils ont multiplié le fait, la loi leur est restée inconnue. Lorsque le surnaturel, c'est-à-dire l'élément supérieur, se mêle à une contingence, l'école est en déroute et la voyante, la stigmatisée, la possédée, le simple médium déconcertent ceux mêmes qui captent la force d'une chute d'eau et la transportent à deux cents lieues comme moteur. La perfection des lentilles a permis de voir les infiniment petits, aucun appareil n'a permis d'étudier l'élémental qui est le macrobe de la vie astrale. L'invisible a ses animaux puisque nous ne pourrions les concevoir qu'à l'état de larves ou particules imparfaites de vie et de fantômes émanés des décompositions organiques. Les témoignages historiques, en matière de magie, ne sont explicables que par l'adoption de la gnose ; mais si lumineuse que paraisse cette explication, elle augmente le mystère qui environne l'homme au lieu de le résoudre. Les élémentals existent bien comme cellules latentes de la vie, mais elles ne se groupent, ne s'appareillent et ne s'individualisent qu'au moyen d'un point d'appui fourni par l'être humain. Dans les apparitions, presque toujours le fantôme est généré par l'évocateur. Les cellules astrales se précipitent sur le courant d'émission fluidique et se réalisent en lui. Les manifestations diaboliques sont propres aux époques de foi ; la superstition étant une corruption de la croyance, le sorcier se trouve en embryon dans le mauvais dévot ; et la crédulité, la peur, l'appréhension créant une sorte de spermathorée fluidique, permettent aux élémentals d'augmenter leur existence et de passer de l'état de puissance d'être à l'état d'être relatif. Telles sont les propriétés de l'organisme que si l'imagination s'intoxique d'un rêve morbide, les forces nerveuses créent une demi-réalité à cette image.

Voilà pourquoi tout être qui regardera longtemps, souvent, devant lui, en voulant voir Dieu ou le diable, le verra sans que Dieu se manifeste et sans que le diable existe. L'étude des phénomènes astraux présente un danger de folie intermittente ; en provoquant les manifestations d'une série aussi obscure, nul ne sait où il aboutira ; la légende unanime fait mourir tous les sorciers de mort violente. La condition des opérations magiques c'est de renoncer à la santé de l'âme et du corps ; il faut être malade pour sentir ce que les sens normaux ne percevraient pas. Le catholicisme offre à ses fidèles les moyens parfaits de réaliser ces exceptionnelles potentialités et quoique ce soit un tort, de vouloir assimiler la religion et la mystique, quoique ces sublimes excentricités doivent être plutôt défendues que prêchées, c'est dans l'Eglise catholique que la magie trouve sa plus haute extension pratique avec les moindres dangers. L'ascète poursuit comme suprême résultat l'extase que les Indous appellent l'union et les Alexandrins, l'hénosis. Porphyre ne réussit qu'une fois à soixante-huit ans à s'absorber en Dieu ; Plotin, ce successeur de Platon, y réussit quatre fois : le moindre des saints et combien actuellement de chartreux, de Jésuites jouissent fréquemment de l'hénosis. L'homme, orientant ses facultés vers l'au-delà, préfère le mystère aux contingences et cela seul constitue une élection ; mais les deux voies sont également de l'ordre illuminatif, c'est-à-dire qu'en abandonnant l'équation rationnelle, l'homme espère dans un élan de compréhension ou d'amour atteindre un résultat défendu à son espèce ; dès lors, il est plus rationnel de s'identifier à la cause par le désir que de prétendre la concevoir.

Aucun acte n'a une gravité égale à celle de l'acte magique et l'Eglise en multipliant ses défenses n'a outre-passé ni son droit, ni la raison, car elle est elle-même la panification du mystère et nous l'offre à l'état assimilable.

Tout s'enseigne, tout se cultive selon des règles, sauf la magie qui ne peut être reçue, ni par conséquent donnée et que l'individu doit concevoir entièrement à nouveau. Les sciences sont des œuvres de mémoire et d'habitude intellectuelle ; or, toute l'érudition et la discipline la mieux suivie ne conférerait aucun pouvoir. Le mage, après s'être reconquis sur les instincts, avoir tempéré ses passions, doit encore faire la critique du legs humain, au point de vue de sa seule assimilation. Savoir n'est rien en occulte, il faut concevoir, c'est-à-dire réaliser en son esprit une tradition et s'y conformer ou l'identifier à nous. D'incroyables erreurs apparaissent chez des hermétistes admirables : leur imperfection psychique se transpose dans leurs pensées. La doctrine engage tout l'homme, mœurs et idées, il faut incarner son vœu. Sainte Rose de Lima avait pour lit trois cents morceaux de pots cassés et saint Dominique l'Encuirassé arrivait à se donner deux coups de discipline par seconde pendant dix psautiers. Ces excès de pénitence sont l'expression de l'individualisme en matière de perfection et l'homme réalise sa volonté lorsqu'elle est unique. On suppose quels criminels prodigieux les sorciers ont dû devenir, car la mysticité s'applique au mal comme au bien et produit dans les deux sens, d'atroces ou de sublimes merveilles. Si l'amour de Dieu le plus logique et le plus pur des mouvements de l'âme, engendre de néfastes conséquences, combien sera plus redoutable un enthousiasme, où affranchi de toute tutelle l'homme dresse l'impériosité de son désir en face du réel pour le contraindre à lui laisser voir l'abstrait. Dans une telle tension de la personnalité, les perceptions ne sont plus soumises à un contrôle rationnel, l'être s'enivre de son propre vœu, il empoisonne son haut désir de son imperfection sérielle et ce sont des mirages incohérents qui se produisent au lieu d'une déchirure lumineuse au voile d'Isis. La lycanthopie du sar assyrien, fut le châtiment de sa présomption quand il voulut réunir la tiare à la couronne et qu'il obtint des mages, l'initiation ; sa nature positive et guerrière ne s'assimila pas les arcanes de la synthèse et tout guerrier qui tentera de comprendre seulement la plus basse des lois générales, sera immédiatement frappé de stupeur car la plus claire des divisions parmi les hommes, reconnaît chez les uns les droits et les devoirs de la tête et chez les autres, les droits et les devoirs du bras. Un génie exécutif se forme de bravoure et d'intuition, mais il ne se réunit jamais à des facultés abstractives.

Saint Jacques disait : « Quelqu'un parmi vous est-il malade, qu'il appelle les prêtres et que ceux-ci lui fassent des onctions avec de l'huile et le Seigneur lui donnera à la fois du soulagement et la rémission de ses péchés. »

Le concile de Florence est donc cause de l'insuffifisant usage de ce sacrement pour avoir déclaré qu'il ne s'adressait qu'aux agonisants.

L'extrême-onction ne s'autorise d'aucun texte canonique explicite, sauf l'épître de saint Jacques, mais son analogue existe chez les sauvages.

Les canons du concile des Trente déclare anathème celui qui ne considère pas l'extrême-onction comme une institution de Jésus, devrait développer la parfaite raison qu'il contient.

Saint Pierre d'Amiens l'appelle le sacrement des infirmes; saint Marc mentionne ce rite.

Il y a deux choses à considérer dans l'extrême-onction : la purification morale, puisque la confession le précède, et le soulagement physique, puisqu'il nous est offert comme allégement de nos maux. C'est un double exorcisme de l'âme et du corps. Les témoignages de l'érudition nous montrent les prêtres présents au lit des malades, chez tous les peuples, et conjurant par des cérémonies et les prières les transes morbides.

Il y a aussi, dans ce sacrement, l'indication de ce que l'on doit aux êtres chers, en danger. L'extrême-onction constitue une incantation destinée à défendre le malade contre les courants délétères de la lumière astrale. Rare est la juste idée des devoirs de la charité consciente envers les mourants et les morts. La mort physique est seulement la perte d'un des trois éléments humains. La sensibilité reste extrême chez l'individu qui est à l'état *d'âme-esprit*. La rupture entre le corps et l'âme n'est pas si brusque et si complète que le témoignage des sens le ferait croire. Entre l'appareil organique et l'âme, il y a un plan de sensibilité intermédiaire, que l'analyse appelle corps astral. Par la longue union que la vie a formé entre la matière et le sentiment, le médiateur s'est approprié des qualités mixtes : soit que des molécules animiques se soient corporisées, soit que des molécules organiques se soient animées ; le phénomène du refroidissement, de l'immobilité, n'indique pas que le litige fluidique soit résolu. Les émanations observées sur des tombes fraîches, les phénomènes fantomatiques montrent que la mort ne tranche pas absolument l'ombilication de l'âme au corps.

Celui qui meurt est précipité de la terre ferme dans un océan d'inconnu dont il ne connaît pas le phénoménisme et la décomposition est le seul signe de la scission entre l'organisme et l'être moral, la charité envers les morts consisterait pour un initié à assister moralement, à tendre sa bienveillance spirituelle, comme une perche de salut, au misérable naufragé de l'au-delà.

Paracelse, disant que le premier des médicaments c'est la bienveillance du médecin, attribuait à la volonté une action curative. Chez qui cette volonté bienfaisante sera-t-elle plus intense que chez le prêtre, l'être de charité par excellence ?

L'Eglise a révélé scripturalement ce qui appartenait d'essence à la tradition orale et l'extrême-onction apparaît la forme hiératique du magnétisme médical. Le caractère sacerdotal, le rituel même du sacrement constitue un véritable essai d'action thérapeutique.

L'onction commence aux yeux, par où la concupiscence arrive au cœur de l'homme ; elle continue par les oreilles, qui reçoivent symboliquement les dangereuses persuasions du malin ; elle passe aux narines, canaux de la sensualité, puis à la bouche qui s'est commise aux paroles négatives ou vaines, aux mains, qui furent avides et peut-être homicides ; aux pieds, qui ont tant foulé le sentier de l'erreur et enfin aux reins dont les spasmes ont obscurci l'idée de salut. Cette purification détaillée, cette incantation de toute la sensibilité constitue une cérémonie magique de la plus grande puissance, si le prêtre est conscient et fervent. Le clergé a toujours enseigné que la grâce du sacrement était extrinsèque à l'officiant ; déraisonnable idée : oui, le sacrement convenablement reçu agit par sa vertu propre ; mais il s'augmente de la vertu du prêtre quand il est vertueux : jamais un tiède sera thaumaturge.

Ceux qui viennent à l'Occulte n'y sont pas poussés par une véritable idéalité : ils espèrent une issue à leurs passions mauvaises, une complicité des normes pour leur concupiscence, et ressemblent au sorcier qui croit et espère dans un Dieu du mal. Dès l'instant où l'être réfléchit, il renonce à jouer au Créateur les farces d'un Scapin à Géronte, il ne conçoit pas Dieu comme un père comique que l'on peut railler et duper ; il sait que toute injustice est néfaste à qui la commet ; que nul n'élude la loi divine et que plus on emploie des éléments supérieurs en son péché, plus la responsabilité augmente. Demander à l'occulte le moyen de mal faire impunément et victorieusement, c'est convier la maréchaussée à ses crimes. La magie est contenue dans la religion, mais la religion n'est pas contenue dans la magie, car l'Occulte est une ampliation dans la formation de l'individu, tandis que la religion apparaît un rudiment nécessaire et une base. On possède sous forme commode et de prix modiques les textes de l'occulte. Entre l'érudition du moindre initié latin et le fakir de l'Inde, il y a un âbîme ; mais le fanatique indien produira des phénomènes déconcertants pour l'occidental.

Si le monde et l'humanité sont régis par des lois inéluctables, la connaissance de ces lois constitue une supériorité : si cette connaissance est impossible, pourquoi cette étude stérile? L'homme n'a point d'avantage à vouloir mettre les forces supérieures au service de ses passions, car toute force relève d'une nécessité sérielle, intransgressible.

L'occulte ne peut servir que des mobiles purs en eux-mêmes : et l'église a sans cesse écarté ses ouailles de cette dangereuse pâture. Par l'orgueil on entre en magie comme par l'humilité on entre en religion. Domaine fécond en mirages : la personnalité s'enivre des promesses de l'imagination et le néophyte ne se voit plus tel qu'il est, mais suivant une réfraction qui augmente en lui la conscience du moi, et cette augmentation artificielle de la conscience aboutit à une erreur.

Si l'on disait au néophyte : « la magie est une ascèse par laquelle l'appétit abstrait se substitue aux contingences ; ta puissance dépend de tes renonciations et cette puissance ne vaut qu'en mode impersonnel et ne te facilitera aucun succès », le néophyte renoncerait.

Et si l'on disait au dévot que les actes de la religion sont des cérémonies magiques, on le scandaliserait. Des points nombreux et importants d'identité existent et le profit de ce livre sera de comprendre la délimitation des deux formules.

Sauf la Rose Croix sans épithète que nous avons restaurée officiellement en 1890, il faut mentionner comme type de société secrète le Martinisme qui doit sa rénovation à Papus. Sans juger la doctrine de Martinès de Pasqually, je vais emprunter à une publication du président du suprême conseil de l'ordre, des fragments qui montreront que toute magie cérémonielle procède des rites religieux.

« Mettre à une robe blanche une bordure couleur de feu d'un pied de large et répéter cette bordure aux manches et au collet ; avoir un cordon bleu céleste en sautoir, un cordon noir de droite à gauche, une écharpe rouge à la ceinture et une écharpe vert d'eau, de gauche à droite, » constituent des éléments décoratifs douteux et rien de plus. Les parfums, les bougies, les cercles sont des moyens pour aboutir aux visions.

« Les visions de Martinès sont blanches, bleues, blanc-rouge-clair, enfin mixtes ou toutes blanches. »

Nul homme n'obtient de vision que par des facultés maladives. Jusqu'à ce jour, les prétendus messagers de l'au-delà n'ont pas proféré une seule parole qui vaille ce qu'on ne trouve dans les ouvrages de la première bibliothèque venue ; il est insensé de proposer comme résultat une hallucination, prix d'un entraînement morbide. Je le répète en ce traité, le cinquième de mon enseignement : la culture de l'âme et ses exaltations sont du domaine de la religion ; tandis que la culture de l'esprit et ses applications appartiennent à la magie. L'erreur de presque tous a été de chercher dans l'hermétisme une pratique, une dévotion du mystère : alors que cette pratique se trouve mieux prévue dans l'exercice de n'importe qu'elle piété ; l'occultisme concerne seulement l'évolution intellectuelle.

Goerrès, l'écrivain classique par excellence en ces matières, a défini la mystique : l'art d'établir les rapports les plus intimes entre l'homme et Dieu ; or l'homme se sent placé entre une double attraction : l'instinct et l'idée. La sorcellerie représente la recherche de l'instinct et la haute magie celle de l'esprit ; le mysticisme désigne un sentiment pour ainsi dire chrétien, l'occulte est la science des rapports entre l'homme et l'inconnu. Nous avons confiance en ce qui nous est supérieur parce que supériorité signifie pureté et nous nous défions de ce qui est au-dessous de nous parce que l'élément inférieur représente de l'obscuration et du danger.

La magie noire a des rituels, c'est-à-dire des grimoires, mais elle n'a pas d'exposé théorique. Il est à remarquer que, blanche ou noire, la magie apparaît succédanée de la religion ; car la notion du mauvais esprit est ecclésiale et les rites qui s'y rattachent s'inspirent des cérémonies orthodoxes. La magie se montre en défaut lorsqu'elle prétend réaliser la mystique illuminative et même unitive. Rien de plus funeste que les usurpations de pouvoir : nous reconnaissons la magie comme l'entreprise de l'esprit, mais nous refusons de destituer la religion de l'entreprise des âmes. Il est absurde de vouloir égaler les sexes en unifiant leur activité ; de même il est insensé de vouloir remplacer l'œuvre d'une race par l'effort d'un esprit ou vice versa. L'hermétisme, la pâture des êtres d'exception, suppose l'assimilation préalable de tout ce que la religion procure.

L'habile homme est celui qui tire des circonstances qu'il ne peut changer un bien certain.

L'initié ne pactise pas avec ses ennemis, il repousse les provocations de la haine. La première défense, toute morale, consiste à refuser le contact d'aversion, les sentiments de malveillance qu'on oppose aux attaques. L'habileté accorde le moins de pensées possible aux êtres qui ne nous veulent pas de bien. Oublier une volonté perverse c'est presque l'annuler ; au cours ordinaire, on rend malveillance pour malveillance et préoccupation pour préoccupation.

Le pardon des offenses proposé comme un acte méritoire est acte d'égoïsme. Chaque fois que nous repoussons un conflit moral, nous prenons tacitement pour arbitre la loi providentielle, et la Providence, implacable parce qu'elle est juste, ne permet aucune sophistication à l'obéissance qui lui est due ; elle agit au profit de ceux qui la prennent pour arbitre et ils se sont trompés ceux-là qui crurent la vengeance un plaisir des dieux ; il aurait fallu dire : *la justice* puisqu'elle est l'office divin par excellence.

Si la magie se bornait à la divination scientifique, connaissance des hommes, à leur aspect, à leur crâne, à leur main, à leur écriture ; au pouvoir magnétique qui permet de substituer sa volonté à celle d'autrui et de le posséder littéralement ; à une action dominatrice sur les éléments et le phénoménisme naturel, on aurait une triple science positive et rationnelle.

Mais le mage veut voir l'invisible de ses yeux ; ne pouvant entrer dans l'au-delà, il espère le forcer à venir s'exhiber. L'invisible est peuplé d'êtres indécis, élémentals ou nés des éléments et élémentaires ou simili humains.

D'après l'avis sincère des expérimentateurs, la confrontation est désagréable : la beauté ne préside pas à ces visions.

En outre, si le cardinal Bona dit vrai que l'on discerne les esprits à l'impression qu'ils nous laissent : bons, si après leur départ nous sommes sereins, mauvais s'ils nous laissent troublés, il faut retenir cet aveu d'Eliphas Lévy : « L'effet de cette expérience sur moi fut quelque chose d'inexplicable. Je n'étais plus le même homme, quelque chose d'un autre monde avait passé en moi ; je n'étais ni gai, ni triste, mais j'éprouvais un singulier attrait pour la mort, sans être cependant aucunement tenté de recourir au suicide. »

Donc, en dehors du danger cérébral, il y a une répugnance de l'âme à ces contacts de l'invisible.

Le magicien provoque littéralement de l'inconnu, il tend son poing à un faucon qui sera peut-être un griffon ; il ne sait pas ce qui va venir, il établit le contact le plus intime qui soit avec l'inférieur, car l'inférieur seul obéit.

L'effluve du sang répandu qui s'amalgame avec le fluide de l'opérateur permet à l'élémental ou élémentaire de prendre pied un moment dans le monde formel.

Mais quelle valeur scientifique peut avoir une vision préparée pendant un mois et qui trouve le magiste en état de surexcitation aiguë : il doit sortir de tout cela de la folie ou de l'épouvante, de l'Edgar Poé, mais non de la lumière. Cela n'a vraiment aucun rapport avec l'Hénosis ou extase unitive ; et on l'avouera, mieux vaut voir S. Michel et Jésus et Marie, et les saints et les anges que des fantômes anonymes, méchants ou quelconques.

On me dira que Jésus et Marie n'apparaissent pas ; mais combien de mystiques les ont vus ? Ils sont innumérables. Pourquoi aurais-je plus de foi en Eliphas Lévy qu'en Sainte Thérèse en matière passive et mystique : l'amour a des ailes plus puissantes que la science et si le mystère se laisse violer et percer, ce doit être par l'amour et non par la recherche cérébrale.

Celui qui voudra approfondir le domaine de l'invisible devra obtenir, comme il pourra, d'interroger les Carmélites et les Chartreux, les Clarisses et les Trappistes, et si ceux-là parlent, on saura quelque chose.

Le cloître est le lieu où l'invisible seulement peut être étudié.

ARCANES

DU

PENTAGRAMME

XXXVII

Sa réceptivité étant limitée, l'homme doit choisir son activité, car on n'est jamais ensemble pensée et action, idéal et industrie : à moins d'être né de Dieu.

XXXVIII

Même si l'homme choisit la voie du mystère, il doit opter entre les œuvres d'expérience ou celles de foi.

Celui qui tord le cou à une poule noire ou qui égorge un chevreau est perdu pour la véritable illumination.

XXXIX

L'Hénosis ne rayonnera jamais pour le commensal des larves, pas plus que le Jugement Dernier ne parlera à l'homme du boulevard.

XL

L'occulte s'apprend, et il n'y a pas d'occultiste sans érudi-

tion, mais la magie se crée, non s'invente. Il faut reformuler pour magifier, car ici la personne est tout, le rite importe à peine.

XLI

Le sacrement vaut par lui-même et l'indignité du prêtre le laisse valable, mais la sainteté du prêtre s'ajoute à celle du rite ; un signe dynamise idéalement ce qu'il représente et positivement celui qui le fait.

XLII

La valeur d'un signe ne dépend pas seulement de sa hauteur significative, mais du dynamisme qu'il mobilise.

XLIII

La magie de lumière emprunte à la religion vivante ses rites dynamiques avec raison : car les signes traditionnels n'étant plus aimantés d'adhésions collectives sont des formes mortes.

XLIV

En magie traditionnelle, l'opérateur est réduit aux frais fluidiques de ses cérémonies ; il ne peut capter que des forces inférieures et faibles, tandis que les rites chrétiens ont la puissance de la chrétienté même.

XLV

Le voyant génère-t-il sa vision ? le fantôme est-il la concré-

tion fluidique de celui qui l'a provoqué ? Quelle est la réalité dans les manifestations de l'invisible ? Toutes ces questions n'ont qu'une seule réponse.

Les yeux ne voient que le visible, mais il est certain qu'une vitalité fluidique peut se concrétiser avec le substratum que lui offre le mystique ou le magiste.

La différence majeure entre le dévot et le théurge, c'est que le dévot sait ce qu'il provoque et que le théurge commande à des êtres imprécis : le premier s'adresse au monde pur, par la prière ; le second ordonne et à qui ? sinon à moindre que lui ? Et alors, il en est pour son frisson !

XLVI

L'occulte a un domaine aussi variable que l'activité même de l'homme.

Les anciens transmettaient mentalement les nouvelles à travers d'immenses espaces, les modernes ont la télégraphie et la téléphonie, concrétions de l'antique télépathie.

Les astrologues de Kaldée n'avaient pas un observatoire outillé comme celui de Paris, mais ils savaient l'astrologie judiciaire et prévoyaient les destinées et les événements.

XLVII

L'occulte commence au-delà du déterminisme officiel, dans chaque période.

L'Occident a conquis sur le monde matériel autant qu'il a perdu dans le monde moral.

VI

GRADUALE

Vertueux ou pervers, l'homme qui entre résolument dans la carrière magique renonce au bénéfice de l'inconscience. Il se rapproche du mystère en une prétention de mérite que l'avenir infirmera ou prouvera.

L'épître aux Corinthiens établit une singulière hiérarchie sacrée : les apôtres, les prophètes et les docteurs, puis les thaumaturges et les thérapeutes. Ensuite ceux qui ont le don de charité ; ceux qui ont le don de gouverner, enfin les polyglottes et les interprétateurs.

L'apôtre surpasse le docteur, et les faiseurs de miracles et les guérisseurs viennent après les docteurs : car l'homme qui donne la foi est le bienfaiteur par excellence ; enseigner la vie éternelle l'emporte sur la plus subtile gnose : éveiller l'homme au divin, telle est la suprême chose de ce monde. L'Inde d'où est venue la Grèce et ses mystères, l'Inde abaissa toujours le sceptre devant la tiare, faisant du gourou, de celui qui enseigne le Véda, un père spirituel aussi vénérable que le père selon la chair.

Jésus n'a point apporté de nouveauté. Partout des hommes supposés instruits et vertueux ont été choisis comme intermédiaires entre le peuple et la divinité; les plus hautes prérogatives leur ont été accordées et leur rôle historique est tel que l'histoire des clergés équivaudrait à une histoire de l'humanité. Partout, ils ont précédé le pouvoir politique, partout ils l'ont partagé, soit usurpation, soit consentement désintéressé; ils ont formulé les règles morales qu'on a suivies; ils se perpétuent en véritables recteurs de l'humanité. Quels que soient les reproches que l'on puisse faire, suivant les dates, au corps sacerdotal, on ne contestera pas sa place primordiale dans l'évolution sociale. Le prêtre est cette personne qui, de noble ou piètre façon, représente la divinité et sert de truchement entre le Créateur et la créature. Et l'importance du pontife est si grande que sa dignité ou son indignité est la source de la prospérité ou de la décadence d'un état. Tel clergé, telle religion et telle civilisation. La puissance et la légitimité du pouvoir sacerdotal ressortent de sa propre hiérarchie, jamais démentie sauf de nos jours où les quatre ordres mineurs n'existent que pour mémoire. L'Occidental n'a de rapport qu'avec les représentants locaux : le prêtre qui lui administre les sacrements. Que les évêques représentent les apôtres et les autres prêtres les soixante-douze disciples, cela n'a qu'une valeur de symbole : mais dire que l'ordre des prêtres a commencé aux enfants d'Aaron est une plaisanterie.

Le prêtre est mage : il opère en vue d'autrui et le mage serait un prêtre opérant en vue de lui-même. Car rien n'isole comme la supériorité intellectuelle ; il est difficile pour un très grand esprit d'aimer au-dessous de lui et il faut aimer si l'on veut instruire et sauver.

Le prêtre est donc l'homme officiel, le fonctionnaire du mystère par devant une race ; il est à la fois l'ambassadeur et le magistrat de Dieu.

Quand les prêtres étaient les savants, il n'y avait pas de mages, le même homme réunissait la double excellence de l'esprit et de la charité ; mais quelle incompatibilité entre la spéculation théologique et l'administration d'une paroisse. On ne se rend pas assez compte que, chez le curé, l'administrateur fait tort au pasteur et qu'il faudrait diviser cet office en temporel et spirituel : l'homme qui débat avec habileté le prix de la cire des cierges diminue d'autant ses potentialités supérieures. De nos jours, le clergé séculier a pris des mœurs honnêtes et bourgeoises qui ne scandalisent point mais qui n'édifient pas. Le prestige se reporte sur les ordres religieux qui de tout temps ont été l'élite de la foi. Le mage prie comme le prêtre, mais sa prière essentiellement personnelle se trouve alourdie par le poids de son individualité. Le laboratoire avec son autel, son miroir magique, son réchaud, ses lampes, ses talismans, son épée et sa baguette ne constituent qu'un appareil d'automagnétisation. Les deux opérations les plus hautes de l'occulte consistent ou bien à extérioriser son corps astral en une bilocation plus ou moins parfaite, toujours dangereuse ; ou à percevoir une forme plus ou moins indistincte suscitant des moindres pensées que celles des livres usuels.

Les mages manquent à la fois de sincérité et de psychologie sur le caractère de curiosité animique qui se mêle à leurs investigations. L'occultiste est un pervers supérieur qui recherche d'extraordinaires émotions, car l'artiste seul peut tirer parti d'une hallucination ; le penseur ne fera aucun emploi du phénomène parce qu'il n'en aura pas reçu la notion.

L'homme s'affranchit des contingences dans une mesure indéterminée mais appréciable. L'instinct de l'humanité se scandalise lorsque les forces physiques l'emportent sur des puissances morales. Supposons une assemblée religieuse exterminée par la foudre : le sentiment commun jugera que la foudre devait frapper de préférence une assemblée profane et quelques-uns nieront la Providence parce qu'ils en ont une fausse idée. Ils se figurent que Dieu se promène à travers sa création comme un calife qui veut s'assurer de l'observation des lois, et cette conception ressort de l'anthropomorphisme nécessaire à toute religion. Le mage croit à la Providence, c'est-à-dire à la loi préétablie ; cette loi se décompose en normes partielles qui, elles-mêmes, se classent en trois séries : la norme cosmique, la norme physique et la norme spirituelle.

A *priori*, la norme spirituelle, par une indéniable préséance, devrait l'emporter, mais les phénomènes sont simultanément des équations de qualité et de quantité et par analogie la puissance quantitative peut l'emporter sur la puissance qualitative. Ainsi, dans l'exemple choisi, la qualité du lieu, la qualité de l'âme, la qualité de l'acte se trouvent balancées et vaincues par la quantité de la force fluidique et l'état de l'édifice. Magiquement une assemblée de croyants pourrait arrêter la chute d'une voûte, mais il faudrait que cette assemblée fût consciente du péril et dédiât ses forces à le repousser. Entre les mêmes forces, à l'état latent ou actif, la différence est énorme et semblable à celle d'Hercule endormi ou d'Hercule combattant. Nous faisons de perpétuels procès à la justice divine et nous ignorons le code de cette même justice : la tendance humaine est d'accuser la divinité à chaque accablement; or, l'individu subit avec la pesée du monde physique le poids de la solidarité morale. Les erreurs du génie sont celles de son époque, et, de toute supériorité, il faut défalquer la relative infériorité de sa race. On a défini la magie, la science de la volonté et beaucoup, ingénument, ont assimilé le vouloir à une aveugle tension des facultés ; le vouloir ne se réalise que dans la proportion du pouvoir, c'est-à-dire dans la mesure où la volonté de l'homme est consonnante avec la norme cosmique. La religion, comme la magie, est une grande prometteuse ; toutes deux ne précisent pas assez les conditions de leurs promesses et ressemblent à ce chimiste qui dirait : « Prenez, l'une après l'autre, deux substances en soi inoffensives et un poison naîtra au corps de celui qui les aura ingérées », sans indiquer quelles substances ont cette propriété.

Oui, la foi, transporte des montagnes si la foi est proportionnelle aux montagnes ; oui, la magie attribuera à son sectateur une véritable royauté, mais dans quelles circonstances et avec quels tempéraments, voilà ce qu'il faut établir.

Qu'un homme adhère de toutes ses forces à une idée, il emprunte à cette idée même une augmentation de puissance. Plus la conception qui domine une vie est élevée, mieux cette vie revêt un sens durable. Mais tout être devient solidaire des formules qu'il adopte et le succès dépend non-seulement de son zèle, aussi de la vie abstraite des idées qu'il incarne. Précurseur, retardataire, il ne réalisera pas ; il est d'office récusé comme instrument par le Saint-Esprit. Non seulement l'homme même évolué reste soumis aux lois d'espèce physiquement, mais moralement il se trouve englobé dans la destinée même de la race à laquelle il appartient. Les êtres pensants forment le cerveau de l'humanité ; les êtres sensibles ou passionnels composant son cœur ; les instinctifs représentent son ventre. L'homme d'Etat, et particulièrement le pape, devrait se rendre un compte exact de la diathèse humaine et de la triple relativité de rapports qui relient en se modifiant sans cesse l'esprit, l'âme et l'instinct, ou physiquement le cerveau, le cœur et l'épigastre. L'esprit le moins philosophique ne contestera pas que les idées d'harmonie, d'équilibre, de proportions sont les véritables dénominations du bien ; mais, des idées fausses actuellement en cours, celle qui égare le plus l'humanité et qui la grise dangereusement, c'est l'idée de progrès : elle nécessite une notable différenciation entre un point du passé et un autre de l'avenir, or, quels sont les points du passé vraiment connus ! L'histoire enregistre plutôt des différences, des modalités que des progrès proprement dits. Ce que le vulgaire entend par progrès se résume scientifiquement aux applications industrielles et moralement à cette espèce d'égalité qui favorise l'intrigue et la fortune. Or, il n'est pas très sûr que les applications industrielles soient les meilleures formules de l'intérêt de peuples, puisque l'augmentation des besoins n'est jamais suivie de l'augmentation des puissances, et le fait de refuser un avantage à la naissance, tout en étant rigoureusement logique, ouvre la porte aux pires hégémonies, à celles de la richesse.

Le progrès est une illusion mentale; la matière la plus élevée, la religion, ne subit comme apport du temps que des diminutions ; ce qu'il y a eu et ce qu'il y a de beau et de bien dans l'humanité est toujours sorti d'un cerveau et le verbe du génie, comme celui de Dieu, s'est obscurci à mesure qu'il s'éloignait de son pôle d'émission. On a voulu voir dans des phénomènes simplement économiques, dans des déplacements d'attributions sociales, du progrès là où en réalité, il n'y avait que du changement : il est nécessaire que l'homme se trompe sur le fruit d'une œuvre pour avoir la persistance nécessaire à son accomplissement. Je l'ai dit ailleurs : le chef-d'œuvre, la réforme, tout événement de l'esprit ou de la contingence est le résultat d'une sorte d'amour, d'une idéale copulation entre une volonté virtuelle et une nécessité latente. Croire que l'individu réalisera sans le concours d'une matière animique correspondante, c'est ignorer tout à fait l'occulte. Les événements et les idées semblables à des femmes errantes ou enchaînées, à des Andromèdes, à des Belles au bois dormant, attendent que l'esprit mâle vienne les délivrer, les réveiller, les féconder.

Cette loi n'a pas été perçue par les historiens et quoique la théorie des milieux de Taine renferme une partie de la vérité, il n'a jamais été énoncé que, pour créer n'importe quel mouvement, il fallait que le ferment du génie rencontrât l'ovule d'une passivité correspondante. Donc, la loi des ambiances morales régit le domaine des actes, et explique ces périodes, où tantôt se sont les Persée, les Roger, les Princes charmants qui manquent et tantôt les Andromèdes, les Angéliques et les Belles au bois endormies. Le rôle du magiste devrait être d'établir les conditions et les propicités de ce mariage nécessaire entre l'héroïsme de l'individu et le besoin du collectif. Nous arrivons à cette période décadente où les mâles surgiraient-ils, ne rencontreraient pas l'épouse allégorique qui leur permettrait d'enfanter un beau dessein. Au lieu de capter à sa source l'appétence propre à une réalisation, le moderne laisse s'épuiser le courant des désirs, et dès lors les deux pôles se trouvent simultanément stérilisés. Le mage ayant lui-même pour but, se trouve nécessairement obscuré parce qu'il est réduit aux appuis traditionnels sans virtualité, tandis que le prêtre également appuyé au passé puise à son gré aux forces vives de la foi actuelle, réalise son vouloir sur des âmes à l'état discipliné et n'est pas susceptible de s'égarer comme l'occultiste. Celui-ci est sans cesse menacé de crises intellectuelles et des diverses maladies qu'engendre la culture forcément exagérée du moi. Aux circonstances multiples qui se présentent dans l'évolution de l'initié, la magie ne peut répondre qu'imparfaitement, tandis que la religion a prévu toutes les circonstances animiques et leur a préparé des solutions. Sont-elles toujours satisfaisantes ? Oui, si on se place au point de vue le plus général. Non, si on veut pousser l'interrogation à son point extrême. Ce que l'église appelle le diable et présente comme une personne s'appelle en occulte la force inconsciente et on la tient pour un collectif dynamique. Si différentes que soient les définitions, la façon d'en user est semblable. Le dévot et le magiste redoutent également la force incohérente et chacun la conjure à sa façon : l'un par des prières et des actes de foi, l'autre par des pensées et des actes de volonté.

Le vrai mage a conscience que tout irait mieux s'il était consulté et écouté sur les thèmes recteurs de ce monde, mais il ne peut ignorer son impuissance à résoudre le mystère quotidien pour le grand nombre. Apollonius de Thyane lui-même ne remplacerait pas M. le curé auprès des dix mille âmes d'une paroisse, mais tous les curés réunis n'égaleront pas un Apollonius lorsqu'il s'agira d'une équation entre la providence et le destin. Le rôle bénéfique du mage avait reçu de la Grèce sa forme sociale : l'oracle, sans se mêler d'une façon positive aux événements, faisait des hiérophantes à la fois les hommes d'Etat et les penseurs consultants de l'Ellade. Ils donnaient à tout venant le résultat de l'expérience et l'équation abstraite. On dira que cette suprême magistrature n'a pas empêché la prompte décomposition de ce peuple ; le salut résulte d'un amour entre l'esprit conscient et l'âme collective, et c'est l'âme collective de la Grèce qui a fait défaut au verbe des Amphictyons.

Le monde moderne vit sur la force acquise et l'intérêt individuel qui de plus en plus apparaît dans la régularité des mœurs. Il n'y a plus de place pour les grandes aventures et le mal est officiel, en France, il est l'Etat.

Il n'y a pas à cette heure, sans excepter le Pape ou le Kaiser, un seul puissant qui ait une notion de justice : tous sont des gérants du destin, nul ne s'élève au rôle de recteur providentiel.

Virtuellement, la pensée pure est absente de l'univers.

La contingence étend son bandeau sur l'esprit des égrégores et chacun n'agit qu'au conseil le plus immédiat de l'égoïsme collectif. Le concert européen est une bande de loups ; et les brebis ne vivent encore que par manque d'entente entre les loups sur le partage des bergeries. Partout, le militarisme, c'est-à-dire la barbarie, règne d'un bout à l'autre de l'Occident, et nul ne voit ce qui manque, ce qu'on pourrait instaurer : la Vehme, la magie de justice, appliquée à l'équilibre de ce monde, et frappant les sultans sanguinaires et les reines qui font écarteler les brahmanes.

Eliphas Lévi est un des génies de ce siècle, de tous les hiérophantes récents, le plus convainquant, le plus éveilleur ; le Platon de la matière et grand comme écrivain, a laissé dix volumes et les deux les plus importants sont « le dogme et rituel de la haute magie ». Je ne ferai que la critique de son rituel.

Dans notre période d'effroyable désarroi intellectuel, les forces de la vérité ne doivent pas être divisées et ce livre s'efforce de mener le prêtre à l'initiation et le mage à l'Eglise. Persuadé que la théorie méconnaît sa véritable pratique et la pratique sa véritable théorie. « La magie, dit Eliphas, est à la fois une science et une religion », formule illogique, car la science est une entreprise de l'esprit et d'invidualité et la religion une entreprise d'âme et de collectivité. En ces quelques mots, est déjà formulée cette usurpation qui a ruiné la doctrine hermétique. Quelle étrange religion que celle où il n'y a place que pour les prêtres et non pour les fidèles, dont les mystères se célèbrent dans l'isolement et qui demandent la même perfection morale que la foi sans préjudice des aptitudes pythagoriciennes. Quand une doctrine, c'est-à-dire une personnalité idéique, usurpe sur une de ses sœurs, elle se prépare à son tour des usurpateurs. Les rites de la magie cérémonielle se divisent en magie des morts ou nécromancie, magie des vivants ou magnétisme, magie future ou désincarnation. En effet, ce sont les trois termes de la puissance rétrospective, actuelle et préventive. Cette doctrine, qui prétend révéler à l'homme les puissances qu'il enferme, commence à le pousser à des alliances douteuses ; l'évocation d'un grand esprit est ridicule parce que les illustres morts ne peuvent être les répétiteurs bénévoles de la curiosité humaine, même studieuse. La meilleure sorte d'évoquer Platon sera de lire et de méditer son œuvre, et il ne m'est pas venu dans l'esprit quand j'ai voulu restituer deux tragédies perdues d'Eschyle de faire les cérémonies qui peut-être m'eussent montré une vague figure chauve et drapée. J'ai tâché de pénétrer ce qui est plus que la personnalité de l'homme, puisque l'œuvre, lorsqu'elle est chef-d'œuvre, est supérieure à son auteur. Pythagore, dont nous n'avons que des reflets dans les vers dorés de Hiéroclès, ne peut raisonnablement pas, le prodigieux silentiaire, venir à l'appel du néophyte et s'il venait ce serait pour dire : « La science n'est pas semblable à une épée qu'une main passe à une autre ; quand une intelligence sort de ce monde d'épreuves, ce qui fut sa personnalité retourne au foyer de l'intelligence éternelle ; tu as évoqué Pythagore, enfant, or, Pythagore en tant qu'homme est mort ; ce qui a survécu en lui c'est la somme de lumière qu'il avait cristallisée par son application. Tu t'es donc déjà trompé sur l'objet de ta demande ; il fallait évoquer le pythagorisme.

« Comment ignores-tu, toi qui commandes avec une baguette et une épée, qui t'enveloppes d'un manteau de philosophe et qui veux contraindre les indépendants esprits à ton appel, comment ignores-tu que si vraiment je t'apparaissais, ton émotion serait animique : en vain que je te donnerais les plus lumineuses formules.

« L'homme ne voit simultanément par les yeux et par l'esprit. Ce que tu cherches dans l'évocation, c'est la volupté du mystère, c'est le spasme de l'inconnu, c'est l'impression de l'au-delà. Tu n'es pas un amant de la science, tu n'es qu'un malade, un spleenique de l'étude qui cherche des sensations dans un domaine où il n'y a plus de sens. Tu veux me voir, que suis-je devant ta visibilité ? Ce qu'on appelle un revenant. Ces phénomènes n'ont qu'une excuse pour être demandés et qu'une chance pour être obtenus : l'amour. L'amour seul parcourt les degrés de l'invisible, attire à lui son objet ou le reflet de cet objet. Tu n'es que mon admirateur et ton aspiration vers moi n'a pas la force qu'il faudrait pour m'attirer ; car, si on t'avait offert la venue de quelque autre grand philosophe, tu aurais accepté qu'il me remplaçât devant toi. Donc, tu n'as pas sur moi les droits de l'amour et je n'ai pas sur toi les pouvoirs de l'amour. La lecture t'amène au désir de me voir, lis davantage et tu verras que jamais la vision des formes n'est simultanée avec la vision des idées et que les extatiques n'ont rapporté de leur élévation vers l'au-delà aucune formule. Ainsi tu n'es qu'un profanateur et qu'un ignorant, car, tu appliques les procédés de l'âme aux matières de l'esprit. Ton ambition, quoique illégale, fut noble, je veux te laisser un conseil. Le mage est celui qui tire un parti extraordinaire des circonstances usuelles ; lorsque Phidias prit un peu de terre et modela la Minerve, il fut un mage ; si au contraire il avait jeûné quarante jours et puis évoqué au milieu des parfums la déesse elle-même, il eût été ce que tu es toi-même, un enfant téméraire et qui n'a pas encore compris que le mystère est l'atmosphère même de l'homme et qu'il n'a qu'à penser sa vie au lieu de la vivre pour être sinon un Pythagore, du moins un disciple de Pythagore.

« Ne crois donc, mon disciple, que les génies éperdus de la lumière ressentie, comme Dante en son paradis, vont quitter l'extase pour se faire tes répétiteurs. Ils ont laissé leurs œuvres et les exemples : désormais ils servent Dieu, au pied de son trône et nul désir de la terre ne les peut atteindre.

« Ce qui viendra à ton appel, c'est l'imparfait, l'informe et l'en-bas, et ce qui sera venu ne s'en ira pas à ton gré. Tu auras pour cortège des êtres douteux et avides pour lesquels tu représentes des moyens d'incarnation et sur ta vie ils grefferont leur vie vacillante.

« Ces affreux parasites se nourriront de toi, jusqu'au jour où ta virtualité épuisée, tu seras un obsédé ou un fou.

Lance ta volonté dans l'astral sur les ailes de la prière ou de la droite pensée, ou résorbe-la dans la méditation, mais garde-toi de tout contact inférieur et demande aux sacrements de l'Eglise l'exaltation de ton être. »

ARCANES
DE
HIÉRARCHIE

XLVIII

Il n'y a qu'un thème digne de l'homme : Dieu ; sa gloire est de le concevoir ; son honneur, de le servir ; sa volupté, de le sentir.

L'occulte augmente cette conception, la magie donne des armes pour le combat, l'Eglise est le lieu des joies divines.

XLXIX

Veux-tu savoir le degré d'une civilisation ? regarde ce qu'est le penseur, l'écrivain en face du guerrier.

Le pays où l'officier peut commander au mage et à l'artiste est un pays de sauvages.

L

Dès qu'on sort des grandes villes, et de leurs musées, on s'aperçoit que le temple est le burg de l'idéal.

Le jour où il y aura des villages sans église, la barbarie n'aura plus de bornes.

LI

Le mystère est l'aliment de l'âme par excellence, que l'homme cherche dans les passions.

Mais le mystère abstrait ou brut serait, au désir de l'homme, comme le blé en grains à sa faim.

Voilà pourquoi la religion est la forme logique du mystère.

LII

La curiosité est une passion et non une vertu : et c'est une vive faiblesse de ne pouvoir se substanter des choses excellentes parce qu'elles sont généralisées.

LIII

La magie ou occulte mise en action a sa fonction dans les œuvres de justice. Elle peut, elle doit, conserver la vie des bons pasteurs et trancher celle des loups.

LIV

Il est absolument certain que l'Inde contient plusieurs hommes qui pourraient tuer à distance ta Reine ; et elle vit. Si l'Orient a oublié ses pouvoirs magiques, sera-ce l'Occident qui les restituera au monde ?

LV

Quand l'inconnu se manifeste, ou sa volonté est supérieure à la nôtre et alors il vient de lui-même, ou elle est inférieure et alors quel bien en tirerons-nous ?

LVI

Les mystiques appellent le ciel et le voient : on les comprend. Les magiciens appellent tout ce qui se traîne dans l'intermonde; et cela n'est point beau, étant hors série. Comment les comprendre ?

VII

EVANGELIVM

Le mariage a été étudié par des hommes infatués de leur continence.

Du séminaire où la femme s'appelle le péché, tout court, jusqu'à l'ascétisme qui inspire un véritable dédain pour l'amour sexuel, l'Eglise, a manqué d'expérience : elle n'a eu, à ses confessionnaux, que les péchés du mariage et ses plaies : elle n'a pas songé, dans son horreur de la concupiscence, à la hauteur dont elle est susceptible.

Le prêtre est plus blasé qu'instruit sur les mœurs : ou il s'effare devant l'horreur du siècle ou il sourit du cours des choses.

Le mystique déteste l'amour plutôt qu'il ne le juge. On conçoit que celui qui sent Dieu, dédaigne toute autre passion; mais on oublie que le saint est un excessif, un extraordinaire, qu'il y a toute la différence des vocations entre l'admirer et le suivre.

L'Amour sexuel est la seule réaction morale dont beaucoup soient capables ; la reléguer à un extrême degré de l'infériorité, c'est rejeter dans l'art, l'ordre de la sensibilité qui s'est développé abusivement et a tout envahi.

Le mariage, remède à la concupiscence, base de la société, moyen de perpétuer l'espèce est encore la forme sociale de l'amour et l'amour est la forme générale de l'évolution humaine. Les casuistes n'ont pas suffisamment considéré son importance. Ce que l'Eglise dénomme péché est bien tel, mais l'Eglise en prêchant ses lois morales s'est trop souvenue de ses rêves et a perdu de vue les actuelles nécessités. S'affranchir de l'amour c'est l'œuvre des héros, de ceux que meuvent les passions abstraites ; renoncer au seul élément assimilable c'est refuser à un troupeau l'idéal qui lui convient. Qui prêche se limite à celui qui l'écoute, sinon il étonnera au lieu d'éclairer.

Canisius, dans son grand catéchisme, met l'institution du mariage dans le paradis terrestre : ce paradis n'a jamais existé et la création de la femme est une rature que les Elohim opéraient sur leur œuvre. Eux aussi voulurent réaliser un idéal plus grand que celui qui était possible ; il avaient rêvé dès leur délégation des androgynes, des êtres complets mais selon le verset 18 (Genèse II) : « voyant qu'Adam n'arriverait pas, de lui-même, à l'état de conscience, Elohim dit : je lui ferai un parèdre en le dédoublant de son réflexe » ; et (Verset 21) il suspendit la sensibilité d'Adam, il rompit son unité androgyne et prenant le passif ou réflexe, il l'individualisa par une forme où la courbe qui est la beauté dominait : ensuite il développa le positif d'Adam quantitativement pour tenir la place de son entité passive désormais personne distincte. » L'humanité ayant été créée à l'image des anges, son prototype reste androgyne. La femme est fille de l'imperfection de l'homme ; selon la notion que j'indiquais tout à l'heure sur le rôle du sexe, comme ferment de la sensibilité générale. Les Grecs ont dit la même version que les sémites.

La résorption sexuelle est favorable à ceux qu'une activité défend de la paresse et de la rêverie. L'homme qui tous les jours consacre la divine hostie, la sœur de charité qui panse perpétuellement des plaies répugnantes sont dans des conditions admirables de continence. Mais celui et celle qui vivent dans le monde, les sens et l'imagination sollicités par les spectacles, les lectures et les fréquentations même les plus bienséantes, que feraient-ils de la fatale accumulation de désir qui se formera en eux. Les âcretés de l'ambition, les duretés de l'avarice, l'implacabilité de certaines haines n'ont d'autre origine que la continence mal entendue.

L'Eglise, en imposant aux fidèles comme une loi au lieu de présenter comme une objurgation l'engendrement, ressemble à un bureau de recrutement. Il ne s'agit pas de pulluler mais de produire des êtres raisonnables et grands s'il se peut. Une catégorie se trouve relevée du devoir de procréation, celle dont l'esprit engendre. Les fils du génie ne valent jamais rien parce que, au point de vue fluidique, les éléments supérieurs en suspens chez l'homme ordinaire sont tous mobilisés au profit du cerveau chez l'homme extraordinaire. L'Eglise, pour être logique, devrait dire à ceux qui lui demandent le sacrement de mariage qu'il est conditionnel à l'engendrement, or, tel n'est pas l'esprit du dogme. Le mariage comme fait social et comme signe religieux est la sanctification de l'amour sexuel, il est cela, indépendamment de toute progéniture. Quant à la volupté que saint Chrisostôme qualifie de turpide chose, elle est mieux exprimée par la bouche d'Aristophane quand il explique comment les androgynes embarrassaient le Dieu, et que Zeus les dédoubla pour les affaiblir et s'en débarrasser. L'amour est donc une aspiration vers l'état initial de l'espèce qui sera indubitablement son état final. Ce que les Elohim avaient tenté pour l'homme naissant ils le réaliseront pour l'homme évolué. Le sexe est la marque, l'expression de ce que l'Eglise appelle le péché originel, et la magie l'imperfection sérielle.

Saint Fulgence dit : « L'usage du mariage sera raisonnable si les époux se le permettent pour se procurer des enfants et non pour assouvir leurs passions. »

Saint Isidore : « Lorsqu'on recherche dans le mariage le plaisir plus qu'il n'en est nécessaire pour l'engendrement, il y a péché. »

Saint Chrysostome : « La femme est unie à l'homme pour se procurer des enfants et non pour actes de turpitude et de dissolution ; pour faciliter à son mari les habitudes de chasteté et non pour lui être l'occasion de fornication nouvelle. »

Saint Basile, plus modéré, veut cependant que le motif du mariage soit la génération.

On cite encore, en cette matière, un proverbe de Salomon qui déclare l'adultère bien plus coupable que le vol, sans réfléchir que l'objet va au-devant de celui qui le désire, et que les voleurs sont deux puisque l'un donne ce qui ne lui appartient plus, et l'autre le reçoit. Il ressort de ces citations que le théologien méconnaît l'action providentielle de la concupiscence, et ne veut pas en tirer parti ; il ignore son rôle d'évacuation fluidique, de détergement moral ; il ne voit en elle qu'une source de délit au lieu d'un phénoménisme providentiel. Sans la volupté il n'y aurait jamais eu de civilisation. C'est dans le lit des Clotilde que les Clovis, les brutes primitives, ont commencé à s'adoucir. Aux décadences, la volupté devient un dissolvant, mais au début des sociétés elle est le seul moyen d'émouvoir la sensibilité morale.

C'est toujours une erreur, et impardonnable, chez l'homme d'Etat que doit être un théologien, que de vitupérer un élément constitutif de l'homme. Les plus nobles passions ne sont que des instincts sublimés. L'ésotérisme ayant été la loi du passé, je dois, par respect pour les grands esprits que j'ai montré, en faute, déclarer que mon jugement appartient à la réserve cardinalice de la doctrine. Ce qu'ils ont dit convenait peut-être à leur lecteur, comme ce que je dis convient aux hommes de mon temps : il ne faut point incriminer la chair comme un moine exalté de l'Oxyrinque.

Si la pruderie des Minnesingers ne tirait le glaive contre le chantre de Vénus, un seul baiser d'Elisabeth purifierait les lèvres de Tannhauser.

L'amour est un fort grand personnage qui n'a aucun rapport avec les prostitués des deux sexes : et la volupté, cette musique de l'amour, est une très noble chose que les mauvaises gens poursuivent avec fureur parce qu'ils ne l'atteignent jamais. Aucun viveur n'a connu les joies de la chair : elles naissent du désir de l'âme.

Thèmes admirables de l'art italien ce mariage mystique où sainte Catherine reçoit de l'enfant Jésus l'anneau de fiançailles, où saint François épouse la pauvreté sous les traits d'une mendiante. Ces allégories signifient profondément l'adhésion de l'âme à une vertu, la formulation d'un vœu, actes positifs entraînant de grandes conséquences. Le mage renonce conditionnellement à l'obtention d'un pouvoir ; le mystique ne fait point de pacte avec la Providence : il se donne sans s'estimer et se confie à la volonté divine. L'amour a plus de forces en ce monde que l'intelligence, le désir mieux que la pensée traverse les zones intermédiaires et atteint aux causes secondes, la religion montrera toujours plus de thaumaturges que la Gnose. Les miracles de l'esprit sont invisibles, parce qu'ils opèrent sentimentalement, et dès lors la forme sous laquelle nous les constatons, n'est pas analogue à leur origine. Les occultistes considèrent la volonté comme une faculté intellectuelle ; elle est seulement intermédiaire entre la conception et la réalisation ; l'esprit génère l'idéal, l'idéal émeut la sensibilité supérieure et le phénomène d'enthousiasme adhère au plan idéique en prenant sa force du plan animique. Les phénomènes de la spiritualité sont difficiles à distinguer de l'animisme. Plotin, comme saint François, aspire à l'extase, à cet état que l'on appelle la mystique unitive. Le point différentiel de l'occulte et de la religion, c'est que l'occulte exalte la volonté et la rationalité ; idéalement, le mage est un être conscient ; la religion, au contraire, enseigne l'abdication du vouloir et développe ce qu'on pourrait appeler l'inconscient en Dieu. Lorsque la volonté a vraiment consommé un mariage mystique avec la conception théologique de l'éternité, le plus grand phénomène passionnel se produit : la nature ayant perdu son action sérielle sur l'individu, celui-ci, exempté de la pression ordinaire des normes physiques, se trouve ressortir d'un normisme encore plus élevé : c'est le yoghi de l'Inde.

L'être affranchi en son corps ne relève plus littéralement que du miracle. Il faut bien se l'avouer : l'intelligence n'atteint pas une si grande puissance ne se réalise pas directement en ce monde. L'esprit ne produit ses prodiges qu'en empruntant des moyens à l'âme. Pour la plupart des êtres, une idée n'est assimilable que sous la forme sentimentale, et la religion à chaque instant le montre : elle appelle Dieu le Père, elle le nomme des noms de l'âme, ceux de l'esprit n'ayant un sens que pour les philosophes. Quel est le prêtre qui dira aux fidèles : « Implorons, mes frères, la miséricorde du Non-Être qui ne peut ni nous voir, ni nous entendre, que nous ne verrons jamais, même par l'ascension du mérite, qui restera éternellement à une incommensurable distance de ses élus. » Même si ce prêtre ajoutait : « Il nous est donné de réussir en nos entreprises et de nous attirer la bienveillance de Dieu, en adhérant aux lois qui expriment sa volonté même ; il nous est donné, en exaltant notre âme, de triompher sur la loi du corps, mais ce qu'on appelle bénédiction ou malédiction, est le mouvement régulier, le mécanisme sempiternel de la création. » Ce prêtre scandaliserait et éloignerait son troupeau des autels ; il n'aurait point menti mais il aurait donné une formule inassimilable à ceux qu'il doit instruire. Prenez les œuvres de la plupart des hérésiarques, des prétendus réformateurs, des dissidents de tout genre, ils présentent un caractère non interrompu de notions ésotériques maladroitement exotérisées. Quel est celui qui n'a pas senti en son âme bouillonner la sainte colère des nabis d'Israël ; quel soldat d'une idée ne s'est indigné contre ses chefs, en proie à cette illusion que l'idéal est souvent le possible ?

La plus belle union que le siècle prochain puisse célébrer serait celle du Christianisme et de l'occulte, car elle réduirait pour toujours la double puissance métaphysique du pape et du mage à une unité invincible.

Comment amener cette réunion de puissance ? En agissant sur les individus et sur l'opinion. Convaincre la majorité du Sacré Collège, des lois occultes et le monde serait sauvé. Créer un courant d'opinion si puissant qu'il modifie les égregores, voilà où on est réduit. Déplorable extrémité, car il faut jeter à la foule des choses sacrées pour fixer son attention. Oh ! triste époque où le troupeau force le berger à le suivre !

Il y a des livres de piété approuvés par l'ordinaire qui s'intitulent : l'*Art de se rendre les bons esprits familiers* ; *Le pieux commerce de l'homme avec l'ange*.

L'ingénuité du titre écarte le lecteur habitué au gongorisme empanaché des traités occultistes et cependant il y a de quoi réfléchir en ces opuscules : ils sont pieux, mais mystérieux aussi et empreints d'une bonne foi singulière.

Qui ignore la théorie de l'ange gardien, sa réduction occulte ? Comme notre corps a une odeur, notre âme produit un halo fluidique qui tient à nous comme l'auréole et le nimbe à Dieu et à ses saints dans les fresques : nos pensées nous environnent sous informité de larves, de reflets ; une pensée constante densifie le reflet, l'animalise ; et paraît l'obsession ;

l'habitude se produit de même sorte. Il y a deux courants dans une atmosphère individuelle, l'un harmonique et bon, l'autre pervers et mauvais, et qui luttent en nous, nous prédisposant à bien ou mal faire.

Sans approfondir la question de l'ange gardien, il est de foi que l'on peut se concilier les anges par la pratique des vertus qui leur sont chères : ils prisent pardessus tout la chasteté, la dévotion à la Vierge et la fuite du monde. Les moyens de les attirer étant des vertus, cet entraînement même, s'il ne se couronne pas de visions, ne saurait être perdu.

La Magie, comme la religion, éblouit par un but étincelant, mais ce qu'on acquiert en chemin est déjà une palme et un aboutissement. Telle vieille dévote qui ne trouverait pas le baiser d'une créature se croit aimée d'un ange : quelle consolation serait comparable ! Ce que le mystique appelle vaut mieux que la provocation du magicien, son désir s'oriente vers Dieu, tandis que l'opération théurgique évoque des éléments passionnels et viciés.

Le Spiritisme a montré surabondamment l'inanité des réponses de l'invisible ; les gens qui font tourner des tables sont aussi des évocateurs, et qu'obtiennent-ils, des risées ou des niaiseries, à tout le moins des centons médiocres, total de la sottise des assistants.

Mais, dira-t-on, Crookes a vu Katie Kie et après? Est-il plus savant, depuis ces apparitions : sa thèse sur l'état radiant de la matière marque un pas vers la frontière qui sépare la zone humaine de l'intermonde, mais il n'a rien dit, qui ne se trouve dans les anciens maîtres.

Ne comptons pas sur les révélations d'outre-tombe : là n'est pas le flambeau qui guidera les chercheurs prochains.

La Religion a enterré de secrets précieux ; c'est chez elle qu'il faut creuser ; les fouilles seront fructueuses.

On pourrait comparer l'Eglise à un vieux château modernisé, on a mis dans les combles et dans les caves, sans discernement, mille objets de prix dont on n'avait plus la place ni l'emploi. Cela est poussiéreux, rouillé, vert de grisé, un peu gâté, mais qui sait ce qui gît dans ce Capharnaum auguste et dédaigné.

L'enseignement catholique a des lacunes et des étroitesses, faute d'ésotérisme : mais la pratique catholique est une pure merveille. Il faut donc penser avec l'occultisme et pratiquer avec l'Eglise. Ainsi seront satisfaites complétement et l'avidité de l'esprit et l'appétence de l'âme. Concevoir selon la tradition hermétique et réaliser par les voies chrétiennes, telle la notion de sagesse en cette matière la plus noble, la plus importante, la plus formidable que l'esprit puisse aborder.

La prochaine harmonie s'accomplira sous ces seules espèces : et dès lors, ce qu'on appelle libre-pensée, matérialisme, aura vécu ; le règne de l'évidence métaphysique commencera. On doit espérer : la logique le veut, et cependant, le moindre observateur un peu réfléchi voit déjà que la plaie inguérissable ce n'est pas tel sectarisme, mais la morne indifférence en matière d'au-delà, qui se lève comme l'allégorie de demain.

Actuellement, celui qui dirait du mal de Jésus-Christ étonnerait : on ne conteste plus la vérité, mais on ne l'aime pas. Les erreurs mêmes sont mollement suivies, et l'humanité paraît sur le point de manquer d'âme. Désespérer du salut du monde, ce serait offenser le Saint-Esprit : il a l'entreprise des merveilles et le lieu où Monsalvat se reconstruit a été marqué par lui, demain peut-être verra les fondations ; ceci est le divin peut-être : Occidentalement, rien n'est plus, plus n'est rien.

ARCANES
DE
SEPTENAIRE

LVII

Le mariage est, selon le destin, une association; selon la liberté, une passion; selon l'idéal, la reconstitution de l'androgynisme.

Le premier devoir des époux est de se compléter et de s'illuminer l'un par l'autre : la génération n'est pas du tout impliquée par le sacrement, elle y est permise et c'est tout.

La casuistique ressemble parfois à un capitaine de recrutement, et le prêtre pousse à fabriquer le numéro matricule comme un Bonaparte.

LVIII

« Une nuit de Paris me réparera cela » est une parole que l'on ne doit jamais oublier. Il n'en a pas été prononcé de plus infâme depuis qu'il y a des guerriers, c'est-à-dire des monstres.

LIX

L'Eglise oublie que c'est dans les bras des femmes chré-

tiennes que les Clovis se sont convertis et que la volupté a sa mission en ce monde. Il faut l'endiguer, non l'exécrer.

LX

L'exécrable, c'est le sang versé, c'est l'Anglais dans l'Inde, le Turc en Arménie, le Français aux colonies, l'exécrable c'est le guerrier injuste.

LXI

Tout acte porte en lui la bénédiction ou la malédiction qu'il mérite, mais il y a un espace entre l'acte et son résultat et l'homme n'est pas assez attentif pour le voir.

LXII

Il y a une série spirituelle immédiatement supérieure à l'homme : et la religion assure que des rapports de prière et de grâce, c'est-à-dire de charité, peuvent exister entre les anges et les hommes.

LXIII

Pour juger ce que vaut une faveur il suffit de peser les moyens qui l'obtiennent : et cela seul discrédite l'évocation magique.

LXIV

Il faut bien s'orienter, avant d'interroger le mystère, car l'esprit comme l'œil, de l'homme regarde où il veut, mais ne dépasse pas l'horizon sériel, en étendue.

LXV

Le grand mystère en tout, c'est la régularité, la symétrie et non pas les faits excentriques.

LXVI

Même dans les opérations de la pensée, il faut une qualité d'âme et la religion la produit.

LXVII

Aimer et comprendre sont les deux grands verbes, mais peut-on aimer sans comprendre et comprendre sans aimer, c'est-à-dire comprendre le mystère et ne pas adorer Jésus.

LE CREDO

COMMENTÉ

SELON L'OCCULTE

1

LA CRÉATION

Le cardinal Bellarmin, le meilleur des catéchistes, enseigne qu'il est nécessaire de connaître Jésus-Christ pour obtenir le salut éternel : parole politique.

Qui refuse son adhésion à la vérité renonce l'éternité : mais la vérité ne s'appelle Jésus que depuis dix-neuf siècles et même actuellement elle porte d'autres noms, en d'autres lieux, comme elle en a porté pendant les sept mille ans de civilisation antérieurs au Messie. Les Israélites n'ont aucune supériorité morale sur les peuples qui les ont précédés ou environnés. Aux douze articles du *Credo* il n'est pas fait mention du peuple ni du dogme Juif.

« Je crois » signifie la double adhésion du raisonnement et de la volonté. Pour exprimer le commencement d'une chose qui a un grand cours, l'idée de famille, et par conséquent l'idée de père, s'impose à notre esprit. Les termes appliqués à Dieu prennent leur réalité de nos habitudes intellectuelles et non pas de leur convenance à l'objet. Toute créature est engendrée, par conséquent la création elle-même est fille du Verbe. Si le *Credo* constitue la promulgation officielle de la foi, l'Evangile de saint Jean représente la conception exceptionnelle et magique du dogme ; or, Jésus est appelé par Jean le Fils unique du Père ; et, pour rapprocher ces deux textes, préférer cette version : Je crois en Dieu le Père, Créateur du Verbe.

Le Bereschit, compris en son vrai sens, satisfait mieux la raison que la Vulgate. Saint Jérôme, obéissant à un anthropomorphisme pratique, a traduit comme Michel-Ange a illustré. Le Jhoad de Moïse ressemble au Père Éternel du Florentin, conception sublime sur un mur, en fresque, déplorable en Théologie.

« Après la période des Archétypes, les êtres délégués par l'Etre (Elohim) modalisèrent la substance en mouvement et en matière (1) ».

« La terre était une latence de mouvement dans l'omnisubstance à l'état hyperconcentré. Aucun

---

(1) Les onze chapitres du Bareschit, traduits par le Sar Peladan.

fluide n'était encore en vibration ; les semences et les germes se trouvaient comme annulés par la compression moléculaire. Le verbe divin, individualisé dans les Elohim, était seul vivant sur la totale passivité négative des forces. »

Il est doux à la créature de penser qu'elle a été modelée par l'Absolu et qu'à sa première faute elle a reçu le reproche direct et face à face de la divinité. Cette intimité entre Dieu et son œuvre ne soutient pas la critique. Saint Denis, seul, pourrait dire si les neuf chœurs étaient contenus dans le Logos primitif; pour le plus humble des théologiens, il est clair que dans la création des mondes et de l'humanité Dieu est absent en tant que personne. Il faut accepter, comme la meilleure traduction du mot Elohim celle-ci : *les êtres délégués de l'Être*. Partout cette formule : le monde a été fait de rien ; il a été fait du Verbe divin ; car toute chose était en lui et rien n'était hors de lui. Seulement, avant la création organique que ce monde et nous-mêmes représentons il y eut la création des séries spirituelles. Dieu y choisit ses anges et les délégua à la création de l'homme. Comment traduire ce passage du Psalmiste : « tous les dieux des nations sont des daimons, mais le Seigneur a fait les cieux », par ceci « que les dieux des nations sont des esprits malins et mauvais ». Ce sont des esprits intermédiaires et intérimaires qui ont travaillé imparfaitement dans le sens de la perfection en attendant la venue du Parfait qui est Jésus. A partir du quatrième chapitre, la Genèse n'a plus de sens philosophique appréciable.

Les périodes de la création concordent avec les découvertes scientifiques, si l'on traduit selon l'ésotérie. La Religion et la magie croient également à Dieu le Père, créateur du visible et de l'invisible, mais s'adressant à une faculté particulière de l'être humain : l'une prend les expressions au sens propre et l'autre au figuré ; l'une dit que Dieu fit l'homme du limon de la terre et la femme d'une côte de l'homme : l'autre remplace l'idée du limon par celle d'élément adamique et la côte par le côté passif ou réflexe de l'androgyne. Les meilleurs livres de piété fourmillent de niaiseries : un cardinal vous dira que la femme est tirée du côté d'Adam pour montrer qu'elle doit lui être collatérale.

Donc, le premier article du symbole affirme l'unité du principe créateur.

Le mystère a une orientation : il y a le mystère d'en haut, c'est-à-dire la théurgie et son ombre, le mystère d'en bas, c'est-à-dire la goëtie. Au niveau de l'homme se trouvent ses semblables et la nature. Si la mystique se définit l'établissement des plus intimes rapports entre l'homme et Dieu ; la magie se définirait l'établissement de rapports conscients entre l'homme et les hommes : l'homme et la nature et enfin, l'homme et Dieu. La formule pneumatologique de saint Denys plonge ses racines dans l'Avesta ; cela n'ôte rien aux origines cénobitiques de la mystique chrétienne, car la vie érémétique a eu son berceau dans la vallée du Nil et saint Antoine nous représente l'état du yoghi indien avec plus de rayonnement. Le pouvoir des cénobites sur les fauves et même sur les éléments, est hors de doute. Saint Antoine passe le Zeus sans se mouiller, Théon va par le désert avec une escorte de fauves, saint Didyme marche sur les serpents : la plupart des solitaires devinent plusieurs mois à l'avance qui viendra les visiter et sont avertis à de grandes distances du trépas de leurs frères. Saint Antoine l'emportait dans des discussions publiques sur les néo-platoniciens et il était peu cultivé ; on lui attribue ces importantes paroles : « Mon livre, ce sont les créatures, je les ai toujours devant les yeux et j'y lis quand je veux la parole de Dieu qui y est écrite. » Cela est conforme à la gnose : les formes de la vie organique sont les signes de la loi supérieure, et l'intelligence théoriquement, et la prière pratiquement, perçoivent la cause dans l'effet, la loi dans l'événement et l'âme à travers le corps. Lorsque les solitaires de l'Oxyrinque réalisaient l'idéal mystique, simultanément, les Ammonios Saccas, Plotin, Porphyre, Jamblique s'efforçaient à constituer une mystique philosophique, un ascétisme intellectuel, poursuivant comme suprême idéal cette union théurgique que l'immense Plotin obtint quatre fois en sa longue existence. A ce moment et entre ces très grands personnages de l'histoire, s'accomplit la scission de la magie et de la religion. Un essai de mystique pratique au Moyen-Age, a été la chevalerie, magnifique mouvement, parfaitement conçu et qui a tiré du monde féodal toute la lumière dont il était capable ; la chevalerie fut un chef-d'œuvre d'idée incomparable, sauf au saint Temple ; quels qu'aient été ses abus, elle représente le plus haut idéal d'action de l'ère moderne. L'antiquité a Hercule et Thésée ; le monde chrétien a eu des générations entières de héros ; de cette souche merveilleuse est sorti le rameau sacré du Temple, qui, s'il n'eût pas été tranché par l'inconscience de son chef spirituel, aurait sauvé l'univers de la double hégémonie juive et protestante. —

Certes, les militaires enthousiastes qui furent en contact avec le Vieux de la montagne et les savants émirs prirent quelques teintes d'hérésie. Le Dante, qui a été l'Homère de l'idée chevaleresque, apparaît Albigeois en quelque chose ; avant de prendre cette épithète pour un blâme, il faudrait préciser la secrète doctrine des Troubadours, problèmes d'histoire idéologique qui ne s'abordent pas incidemment; l'abominable Réforme n'a aucun rapport avec l'Albigéisme ou doctrine occitanique. Ce n'est pas toujours l'erreur qui se cache, c'est quelquefois la vérité qui attend. L'intellectuel rêve de réaliser religieusement sa pensée et le dévot, saturé de satisfaction par l'extase, repousse les formules intellectuelles, inutile superfétation aux évidences et aux satisfactions de la foi. Chacun ne comprend que son vide, borné dans sa volonté par ses seuls besoins. L'intellectualité ne doit attendre aucune justice de la sentimentalité parce que la première est en perpétuelle appétence, tandis que l'autre, plus ordinairement satisfaite, s'immobilise aux matières de foi. Hugues et Richard de Saint-Victor divisaient la mystique en trois étapes : institution ou prétendu état paradisiaque; destitution, conséquence du péché originel et restitution, c'est-à-dire recouvrance de l'état de grâce. Ces formules, basées sur un texte mal compris, ne peuvent être adoptées par l'occulte qui possède la théorie de l'évolution et de l'involution; mais ces deux auteurs cités ont présenté un remarquable tableau de l'ascèse mystique. A leur sixième degré, l'homme passif sous le rayonnement divin, est possédé de Dieu; sa volonté disparaît dans l'élan animique et l'occultiste, classique ou moderne, ne saurait nier l'identité avec de l'*hénosis*, l'ineffable spasme divin.

Porphyre et Plotin étaient des intellectuels mystiques : ils ont réalisé la plus grande illusion possible à l'homme, l'union avec la cause : mais, le plus humble a dans l'Eucharistie, l'hénosis réalisable sans effort et à tous moments.

L'illusion de Porphyre et de Plotin réside en un point d'une importance transcendante. Y a-t-il une union d'intelligence avec la cause, différente et supérieure à l'union d'amour ?

Je crois être allé assez haut dans l'abstraction pour opiner seul et négativement.

Hénosis ou période unitive de l'ascétique constitue un phénomène de la personnalité où l'âme et l'esprit, mêlés en une aspiration, cessent leur faculté respective pour se tendre en passivité adorante à la possession d'en haut. L'entendement est donc ici seulement appétant ; l'ancien mythe de Sélémé : il n'y a rien à comprendre, il faut sentir le baiser du mystère et en prolonger les harmoniques.

L'œuvre de doctrine a son succès dans l'extrême clarté, obtenue même au détriment de la variété : en art, le motif dominant sera contrepointé à nouveau chaque fois qu'il paraît ; en métaphysique, la proposition revient identique, fatidique, toujours nue, afin de frapper par la permanence du primordial aspect. La portée de ce livre réside entière en un théorème : l'occulte est le domaine de la pensée abstraite ; la magie est l'art de la polémique surnaturelle ; la Religion, le lieu, le moyen et la forme des forces et des joies individuelles.

Religion et Gnose, exotérisme ou esotérisme sont filles de l'Orient, et les traditions essentielles en partie, en totalité, seraient de simples archaïsmes réfractaires aux réalisations.

La spécialisation, caractéristique de la science actuelle gouvernée par l'analytisme, relève l'occultiste des études secondaires : synthétiste en théorie, il doit l'être aussi en pratique et se refuser au morcellement d'activité qui est l'essence même du magisme des clavicules.

Les conjurations élémentaires se réduisent toutes à l'affranchissement l'opérateur : le reste est oiseux.

Les solitaires ont-ils fui les tentations ou ont-ils couru aux tentations? Jamais le citadin ne trouvera les pierres d'achoppement que la seule imagination fait surgir devant l'ermite. Entre la pensée et la nature, il y a une antinomie formidable ; le grand Pan est si bien une réalité que les races exposées à une nature trop rayonnante sont devenues fatalistes ou irrémédiablement passives.

Les grandes productions de l'esprit viennent des régions tempérées : sous un climat, trop formel, la pensée rêve, le rêve hallucine, et l'Inde, malgré sa prodigieuse puissance métaphysique, a produit des œuvres où il y a plus de lianes que de cèdres, c'est-à-dire une surabondance d'incidences telle que l'Occident s'est rejeté sur la netteté rigoureuse du mosaïsme.

Du point qu'il occupe dans la création, sommet de l'organisme, extrémité inférieure de l'esprit, l'homme n'a qu'à regarder l'échelle descendante, qui se déroule au-dessous de lui, et, se considérant comme le zoophyte spirituel, de remonter en esprit la série inorganique jusqu'à l'archée. Il découvrira alors toute la pneumatique : série qui s'élève en proportion croissante, commence au daïmon ou génie, se continue par l'ange et monte les degrés des neuf chœurs, après lesquels l'entendement ébloui ne voit plus. L'erreur de l'Eglise reproduite et aggravée par la magie, a été d'enseigner l'existence d'un courant noir dans la série spirituelle : la substance se corrompt et l'essence s'obscurcit. Il y a des esprits obscurés, il n'y a pas d'esprits mauvais.

ARCANES
DE LA
CRÉATION

LXVIII

La puissance de l'homme sur la nature dépend de sa puissance sur lui-même ; il pourra dans le macrocosme suivant ce qu'il aura pu dans le microcosme.

L'art de commander à la matière consiste à s'affranchir de son joug ; le continent, le tempérant, le travailleur et le bienveillant n'ont que faire d'autre conjuration.

LXIX

Toute vraie magie s'élabore dans le mage ; il est lui-même son perpétuel phénomène et l'objet de sa conquête :

LXX

L'homme a été créé par les Anges (Eux-de-lui) ; son devenir de lumière est donc de s'angéliser, c'est-à-dire de développer sa spiritualité non au sens ambitieux de la force dans la lutte sociale, mais dans celui que l'Eglise nomme Salut.

LXXI

L'angélisation de l'homme s'opère par le développement de sa faculté majeure : l'idéalité.

Chercher sa potentialité, la cultiver, la dédier à l'idéal voilà l'arcane de la création de l'homme par lui-même. Léonard de Vinci est le plus illustre exemple du mauvais emploi de soi-même ; ce génie unique, réalisateur de l'intellectualité dans l'art, était un mauvais droguiste : il gâtait ses chefs-d'œuvre en fabriquant ses couleurs, et perdait aux sciences un temps infiniment précieux : sa mission étant d'être le peintre de l'Esprit.

LXXII

L'Amour ne connaît pas d'obstacle à son expansion, il ressuscite ce qui est mort, il suscite ce qui est encore futur, il descend soulager le purgatoire, il monte se réjouir aux cieux. Rien ne l'arrête, pas même la différence des sphères et des séries, il est le pont sur tous les abîmes et l'échelle de tous les sommets : puisqu'il unit l'homme à Dieu même.

Donc laissons Prospero menacer Caliban de crampes atroces et Faust commander par le pentagramme et les insensés de l'occulte crier leur : AGO ET SUPERAGO. *Un seul mouvement du cœur de Saint François paralyse les Sycorax et les barbets méphistophéliques et les élémentals obéissent comme des femmes amoureuses.*

Aimer est le secret de la vraie puissance, mais le vrai amour n'a qu'un objet et voilà pourquoi on lui préfère de vaines incantations.

11

LA RÉDEMPTION

Le premier article du Symbole constitue le déisme ; il confesse l'unité principielle, il équivaut à l'Alcoran « il n'y a d'autre Dieu que Dieu » ; le second contient le christianisme, il reconnaît à Jésus les caractères de seconde personne divine.

Dans les commentaires autorisés du symbole, on ne mentionne pas l'étonnante signification de la parole Joannite. « Il y eut des témoins qui rendirent témoignage à la lumière, mais aucun n'était la lumière elle-même, quoique la vie morale, c'est-à-dire la conscience, fût au cœur de l'homme. Le verbe était présent dans ce monde qu'il avait créé et on ne le sentait pas ; il se présentait chez ses vassaux et il n'était point reconnu ; mais de tout temps, en tout lieu, ceux qui l'ont reconnu se sont révélés par cette reconnaissance même, fils de Dieu : ceux qui ont parlé au nom du Verbe et conformément au Verbe sont, mieux que des élus, les précurseurs du Christ ; et ceux-là il ne faut pas demander de quel sang ils sont sortis, à quelle race ils appartiennent, ni d'où ils viennent, par leur adhésion au Verbe ils sont nés une seconde fois, et nés de Dieu, intermédiaires entre l'homme et le Verbe. Ces mêmes daimons, dieux de la gentilité, les cardinaux les appellent malins esprits. Quelle sublimité : cet apôtre, familier de la Divinité avec laquelle il a matériellement vécu, rend encore un solennel hommage à ceux qui n'étaient pas la lumière mais qui rendirent témoignage à la lumière. Imposante salutation que celle du disciple bien-aimé aux Oannès, aux Moïse, aux Zarathoustra, aux Orphée, aux Manou, aux Krisnah, aux Bouddha, à ceux plus nombreux encore qui n'eurent pas une race pour l'écho de leurs paroles mais qui illuminèrent de leur lucidité les notions abstraites de l'au-delà. Pourquoi l'Eglise méconnaît-elle des mérites que son fondateur a reconnus ; pourquoi ce mépris du catholicisme envers les autres témoignages à la lumière que constituent les dogmes et les philosophies ?

Certes, Jésus réalise la perfection religieuse et l'imagination ne conçoit aucune entreprise de foi comparable ; il n'est pas chrétien celui qui voit le christianisme comme une religion parmi les autres.

On n'oppose pas des dogmes entre eux. Un dogme

est une vérité présentée sous l'angle de réfraction qui convient à une race. L'Occident ne contient pas un seul bouddhiste et je ne suis pas bien sûr des conversions que l'on fait en Asie ; je ne parle pas des missions anglaises ; le pasteur protestant est une caricature sinistre ; le sacerdote grec est aussi attristant.

Repousser une partie de la tradition ou refuser la discipline sont plus que des absurdités, des négations de toute religion. Le péché de Satan, le péché des plus grands hommes qui se sont manifestés hors de la foi, a été l'entêtement dans des vérités inopportunes.

La thèse, la plus simple, la plus légitime, poussée à l'excès et réalisée hors de propos, engendrera des crimes épouvantables malgré que les prémices soient célestes.

Oui, Jésus-Christ est Dieu, Il l'est devant l'intelligence comme devant la foi, mais devant l'intelligence sa divinité n'éclate que par comparaison. Celui qui connaît les grandes religions du passé seul est rationellement convaincu de la divinité du Christ : l'étude amène une certitude absolue.

Jésus est à moité masqué par Jéhovha, comme les lieux saints par les mosquées ; si on s'embarrasse dans l'interprétation des prophètes, si on suit les errements cathéchistiques, la divinité de Jésus reste douteuse, car l'esprit ne conçoit une chose que par son contraire : il est absolument impossible de penser sans dualisme, une formule ne s'éclaire que par antinomie : sans ombre, pas de lumière, pas de relief. La distinction, procédé élémentaire de l'entendement, porte au moins sur deux termes. Saint Jean, qui avait, certes, aussi à cœur qu'un catéchiste la gloire de son Dieu, au lieu de l'isoler dans une conception étroitement habile, a pensé à l'avenir, à l'universalité des lieux et des races et il s'est conquis d'un coup la confiance de tous les esprits en les conviant à comparer Jésus avec ceux qui avant Lui tentèrent la culture de l'âme humaine.

Oui, le Verbe s'est fait chair et c'est là le seul mystère vraiment effroyable de l'enseignement.

Dès qu'il y a pénétration entre deux séries, il y a des zones frontières et ces zones comportent des êtres médians. Or, l'homme universel a toujours tenté d'établir des rapports réguliers entre lui et le monde supérieur ; qu'il conçût l'unité ou la pluralité créatrice, un instinct l'avertissait qu'un pacte était nécessaire entre le visible et l'invisible ; la religion considérée comme phénomène exprime l'instinct concordataire de l'homme avec sa Cause. La prière fut l'expression instinctive de ce besoin pour conquérir la bienveillance de son roi céleste, et l'effet, suivant l'acte, consolation, miracle ayant répondu d'une façon positive aux demandes, il fut *expérimentalement* démontré que l'homme, après épuisement des ressources de son expérience, de sa force, de sa raison, peut encore espérer un recours en s'adressant à l'invisible. Ainsi, le prêtre qui a pour unique mission de cultiver les rapports humains avec l'au-delà, devint l'être le plus qualifié de la civilisation, l'être intermédiaire entre ses frères et le Créateur.

Isolée de la gangue qui se forme toujours sur n'importe quelle idée réalisée, l'institution sacerdotale apparaît la seule magistrature de l'humanité indispensable à son développement, et qui représente sa lumière morale. Quelle limite attribuer à la montée de la prière et à la descente de la miséricorde? La projection de l'âme humaine se borne aux lois de la création; la descente de la miséricorde également se limite par la justice, c'est-à-dire que la puissance de Dieu étant concentrique à sa prescience, la réponse à notre question, à notre prière de l'instant est faite depuis le commencement des siècles, conception difficile à notre esprit qui matérialise tout ce qu'il conçoit et qui s'obstine à voir Dieu intervenant dans les circonstances tragiques comme l'exempt de Louis XIV. Le problème de la religion consiste à rendre Dieu présent aux fidèles; les religions incarnent de la divinité, la logique de l'âme veut la bonté simultanée avec la puissance, et que le Très-Haut se penche vers le très bas qui veut monter. Pour combler la distance du fini à l'infini, il faut que Dieu se réalise, c'est-à-dire s'humanise, et Il ne peut s'humaniser que d'une façon indirecte et déléguée sous la forme de son Verbe qu'il incarne dans l'être choisi devenu alors le véhicule de la volonté divine. La bible entend par cette expression que Jahvé fait alliance avec l'Israël sous les traits d'un Moïse. Une religion a deux problèmes à résoudre : celui du bien et du mal, et celui de l'autre vie. Le mal étant un désordre, une diminution, une obscuration du bien, n'est que transitoire, tandis que le bien s'annonce éternel.

Cette vie ne présente pas d'une façon évidente les traits d'une justice exactement distributive ; elle est considérée comme une étape du devenir. Et quel devenir proposer à l'homme, sinon son ascension vers le Parfait, vers la Cause ? La rédemption est une conception presque neuve en matière religieuse, car les Juifs attendaient un Barko-Kheba vainqueur, un David guerrier, héros national ; or, Jésus revêt, comme principal caractère, l'universalité. Il n'est pas venu pour une caste, ni pour une race, Il est venu pour l'humanité et son Verbe n'empruntant rien aux expressions d'un lieu est virtuel partout et auprès de tous. Le scribe ne trouve aucun désaccord entre son enseignement et les livres, et l'homme sans lettres le comprend et peut le suivre.

Quel miracle que l'Evangile où le génie et l'ingénu également s'éblouissent ; devant ce livre, comme devant le berceau de Bethléem, les rois mages et les bergers s'agenouillent et adorent. Que vient faire ici la race de David : que viendrait faire la race des Hohenzollern dans la splendeur de Wagner, et celle des Bourbon dans la perfection de Racine et les Stuarts dans l'origine d'un Shakespeare ! Nous dédaignons la descendance royale quand il s'agit d'un grand artiste et on nous la mentionne quand il s'agit de Dieu ! Dérision !

Ouvrez un catéchisme de persévérance, il y a dix-huit figures du Messie : Oh ! c'est approuvé par le Pape Grégoire XVI. Dieu n'a fait connaître que par degrés le mystère de la Rédemption et les promesses nationales d'Israël nous manifestent le peuple, la tribu, la famille d'où devait sortir le Messie.

Adam est une figure du Messie, parce qu'il est le père de tous les hommes selon la chair, et N.-S. le père selon l'esprit. A propos d'Abraham, il y a des parallélismes de cette force « Isaac porte le bois qui doit le consumer, et N.-S. porte sa croix. Joseph, ce héros d'un conte, et Jonas sont des précurseurs ?

Comment un Pascal a-t-il pu trouver dans les prophéties d'Israël, la preuve de la divinité du Christ ?

Il n'est pas d'invraisemblance, de folies, d'inutiles et absurdes miracles qu'il ne faille justifier pour souder les livres d'Israël au livre universel.

L'Evangile n'est jamais irrationnel : la résurrection de Lazare est le grand miracle ; le reste, c'est de la divinité humanisée, le Logos dans sa pure irradiance.

Si on soutenait que les ruines assyriennes de Ninive expriment la même race que l'acropole d'Athènes, on ferait rire ; et cependant on veut voir dans la cathédrale ogivale le développement du Temple de Salomon, ouvrage phénicien, au figuré.

J'ai dit que la Rédemption avait coexisté avec la Création en puissance, et j'en ai donné les raisons Aristotéliques. On se demande, sans réponse satisfaisante, pourquoi la Messiation se réalisa à Jérusalem, qui n'a jamais été ni le centre de l'Orient, ni le lieu d'une civilisation rayonnante ? Israël n'a que son livre : il n'a ni art, ni surtout les qualités qui font d'un peuple le civilisateur des autres. Il n'a rien donné, jamais : farouche, égoïste, hautain, cruel, aïeul de l'arabe, il a exterminé tout ce qu'il a pu, et s'est conservé avec un entêtement prodigieux que les malheurs ont rendu sublime, il a résisté à tout, tandis qu'il est resté dans son Ghetto ; aujourd'hui le juif n'existe qu'à la Bourse, et on ne quitte pas ce temple pour reconstruire celui de Salomon. Quelle autre raison eut Jésus de choisir Jérusalem que la cruauté fanatique de ses habitants? Aux bords du Gange, jamais le Galiléen n'aurait trouvé cette mort infamante, il fallait des brutes plus féroces que des sauvages, des brutes telles que le fanatisme sémitique seul en produit, il fallait de futurs mahométans, il fallait la race de Mohammed pour que l'Agneau de Dieu fut sacrifié.

Jésus a été condamné au nom de Moïse et de sa loi, par de mauvais cohènes, mais qui étaient de bons juifs. En leur âme et conscience pouvaient-ils reconnaître le Messie en cet homme suave et doux, qui venait ruiner leur séculaire croyance ?

Il serait absurde et impie d'établir aucune comparaison entre Savonarole et le Christ : mais ce moine, d'un zèle furieux exagérait seulement la vérité, énergumène et insoumis au sens militaire de la discipline, mais d'une foi de feu et d'une vertu certaine. Cependant le pontife romain fit brûler ce dominicain qu'il aurait pu également canoniser quelques années plus tard. Et l'on s'étonne que le peuple juif et ses cohènes aient méconnu le Christ qui proférait une parole inassimilable à leur race, contradictoire à leurs traditions. Le sermon sur la montagne insulte au génie mosaïque, tandis que les races prêchées par le Boudha le recevraient en leur cœur, sans effort.

Pilate, le fonctionnaire, se lave les mains devant le peuple ; c'est bien l'âme d'Israël qui hurle *non Jesum sed Barrabam*, c'est bien le peuple de Dieu qui crucifie le fils de Dieu, c'est bien la Thorah qui fournit la sentence et non le pouvoir central.

Un seul homme a pitié, le latin Pilate, l'arya, il veut délivrer Jésus, il l'essaie à plusieurs reprises.

Un militaire, un fonctionnaire, a plus de sensibilité et de discernement que les scribes et le sanhédrion ? Non ; mais au nom de Moïse le sanhedrion livre Jésus à la plèbe :

Jésus mort, le Christianisme né, qui sera cause de la scission entre les néo-platoniciens et les chrétiens, l'élément sémitique du sacerdoce ?

Le dogme fondé, la forme catholique florissante, qui va, au début du viie siècle, arrêter l'essor de la Croix et mettre en péril les races chrétiennes, les petits-fils de Moïse, les hommes du Koran. Mohammed a continué Moïse, moins le vrai génie : mais ni le plagiaire ni le prodigieux législateur n'a travaillé au bien de l'humanité et Israël comme l'islam ont été les ennemis du genre humain tout entier.

L'étude des religions date presque du xixe siècle, née des traductions et des fouilles, elle ne permet plus de supporter que l'adorable Christ ait aucune solidarité avec les haïssables gens de Jérusalem. Ils furent choisis pour bourreaux de la sainte victime, et voilà tout leur rôle.

Qui aime Jésus, studieusement, ne peut sans colère penser que les lieux saints sont encore aux mains sémitiques. Si les peuples qui prétendent suivre l'Evangile, envoyaient seulement leurs ambassadeurs au Sultan, Jérusalem serait remise aux mains chrétiennes : mais la foi française, la foi anglaise, la foi russe sont imposture : le Christ ne leur sert que de manteau à hypocrisie, et ils se servent de l'Agneau de Dieu pour masquer leurs trames de loups dévorants.

Le Verbe de Jésus a trouvé un ennemi qui résume les scélératesses humaines sous un masque rationnel, c'est la Patrie. D'un bout à l'autre de l'Occident, il n'y a pas un homme valide qui ne soit forcé sous peine de mort, de devenir assassin et voleur, selon l'intérêt de la Patrie. On s'efforce d'établir de la justice entre les individus, et le banditisme est officiellement le rapport avoué de peuple à peuple. L'Occident christianisé apparaît une série des hordes qui se guettent entre elles, et trop lâches pour s'entredévorer se précipitent sur l'Asie et l'Afrique, qu'elles pillent et dépeuplent.

La seule paix que l'Angleterre laisse au monde est celle que lui conseille sa sécurité : John Bull apporte la civilisation aux brahmanes, ce peuple de pirates, de boxeurs, de sodomites, de protestants apporte l'Evangile au pays de la Baghavad : et dans les rues de Benarès, l'anglais du schoking et du cant arrache le voile de la femme hindoue qui passe au bras de son époux. La férocité du Français en Algérie et en Extrême-Orient est assyrienne. La Patrie, préfexte de tous les crimes, mère Gigogne de toutes les infamies, s'autorise du Pape : le Pape trahit son Dieu pour la péninsule : le Pape s'évanouit après la défaite d'Adouah, équitable châtiment : et il reçoit des leçons de christianisme et d'humanité du Négus, lui, vicaire du Christ. Perpétuellement, du haut de la chaire de vérité, on jette la poule d'eau, on parle jeûne, abstinence, mais on bénit les antropophages qui partent pour l'exercice de l'homicide et quand les Français ont massacré, volé, pillé, tué un petit peuple ; le prêtre catholique célèbre le Dieu des armées ; les voyez-vous, ces officiers qui approchent de la sainte table, ils ont tué. Oh! pas un homme mais cent ; ils ont volé. Oh ! pas un porte-monnaie, un pays ; ils ont violé. Oh ! des femmes étrangères ; ils ont fait leurs ordures dans des temples. Oh! ce n'étaient pas des temples protestants. Ils ont incendié. Oh ! pas une meule de foin, cent villages, ce sont des justes, des patriotes et ils reçoivent, ô sacrilège, le corps et le sang de l'Agneau.

Chrétien, l'Occident chrétien, Risée ! Madame la Patrie a remplacé Madame la Vierge, mais au jour du jugement, hommes de sang, bourreaux et bandits, armées entières, vous serez rejetés de l'éternité, car vous êtes le blasphème du Christ et l'abomination de la terre et du ciel.

Le péché de l'individu, qu'est-il auprès du péché national, et nul ne se lève pour le nommer. La casuistique a compté les plis du drap conjugal mais elle n'a pas vu encore les quinze millions de cadavres qui ferment l'horizon du siècle, avec au bas de cette pyramide de cadavres *Bonaparte fecit*. A la raison d'Etat aussi noire et scélérate que l'instinct, il faut opposer la raison d'humanité.

ARCANES

DE LA

RÉDEMPTION

LXXIII

L'Eglise comme son fondateur a une double nature ; par sa divinité elle dure ; par son humanité, elle fluctue, car elle incarne l'âme collective du christianisme et la promulgue.

Or, il est humain de tout nier, en l'honneur de ce qu'on aime, et le catéchisme nie les Précurseurs du Christ, par amour pour le Christ.

La passion ne change pas le cœur de l'homme : jaloux de son Dieu, il le voudrait pour soi seul et comme ce serait absurde, il le conçoit pour sa tribu.

Mosché et Mohammed ont enseigné un Dieu universel, mais aussi que ce Dieu n'aimait que la graisse des Israélites et ne bénissait que le cimeterre des musulmans.

Tant qu'on écrira ces deux mots, Histoire Sainte, le Christianisme ne méritera pas de se dire catholique.

LXXIV

Il n'y a jamais eu de peuple de Dieu, mais des hommes de Dieu chez tous les peuples.

L'Ancien Testament n'a qu'une valeur de littérature, d'histoire et d'antiquité.

Le Nouveau Testament seul est le livre saint de l'Occident et peut devenir celui de l'Univers.

LXXV

Le Saint-Esprit rayonne au moins autant au Livre des morts, au Véda, à l'Avesta, au King, aux vers dorés qu'au Pentateuque.

Et le Talmud au milieu du fatras contient plus de lumière véritable que la Thora.

LXXVI

Jésus-Christ a été condamné théologiquement, par les cohènes d'Israël au nom des prophéties qu'il ne réalisait point : car Israel attendait un général victorieux, un Barcokeba, le salut national et non celui du monde.

LXXVII

Les derniers kabbalistes vivants, esprits d'une rare puissance et d'une connaissance sans égale de la matière, m'ont déclaré qu'ils condamneraient encore aujourd'hui Jésus, au nom de la Thora, en sécurité de conscience et de science : et cela enlève le dernier doute sur l'antagonisme des deux Testaments.

III

LA SANCTIFICATION

Création, rédemption, sanctification, tels sont les trois mystères majeurs et manifestant chacun l'une des personnes divines. Michel-Ange a mis au plafond de la Sixtine les plus sublimes figures de Dieu le Père ; Léonard de Vinci a réalisé au Cénacle la vraie face du Christ : nul n'a figuré le Saint-Esprit. Le fécond génie du moyen âge et de la Renaissance ne lui a point trouvé de forme et dans l'imagination catholique, il est indicible, on ne le voit pas plus qu'on ne le figure. La Colombe aux ailes éployées, la langue de feu voilà son symbole. L'Antropomorphisme n'a rien osé, rien trouvé, il est le bon Dieu sans visage, l'invisible, le Dieu amorphe. Dans les mystères, il achève, il finit, il termine... c'est lui qui opère les œuvres les plus imprévues, c'est lui qui opère l'incarnation. Que de blasphèmes et de niaiseries sur ce saint mystère qu'il faut adorer simplement !

La simultanéité des deux natures dans Jésus-Christ crée une série ininterrompue d'antinomies. Homme, il naît d'un germe divin ; Dieu, il descend au sein d'une femme : il y a bien des explications mais on ne doit pas expliquer les œuvres du Saint-Esprit. On peut dire seulement, que, dès la conception de la vierge Marie, Jésus s'est enfermé lui-même dans l'étroite prison de la condition mortelle et que la mort seule rendra à l'éternité le Dieu ; jamais Jésus n'agit, en seconde personne divine, il a contenu son infinité et si un millième de seconde, la volonté divine avait remué en lui, le Cosmos, lui-même, eût été pulvérisé. Jésus est un homme de la naissance à son supplice, il l'est si parfaitement, que rien ne parut de sa réalité aux yeux de ses bourreaux. Voilà la merveille ! Un regret, une impatience, un éclair de colère, et le monde s'abîmait en miettes, mais cela était impossible, la volonté de Dieu ne peut se démentir et le Verbe fait chair ne sort de sa prison de rapports qu'au moment qu'il s'est fixé lui-même. O suprême merveille !

Le Messie ne fut reconnu que par les illettrés, les instinctifs, les humbles souffrants ; ceux qui connaissaient leur Bible virent en lui un blasphémateur et selon la loi de Moïse, Jésus, en effet, blasphémait.

Quel beau livre que l'histoire du Saint-Esprit, et qui serait l'histoire de tous les grands génies.

Un homme, un daïmon surgit si puissant qu'il réunit le génie de Beethoven et celui de Shakespeare, il est né protestant et il n'a point de philosophie, une pierre nue sera toute la lumière de sa tombe : mais le Saint-Esprit lui laisse entasser les chefs-d'œuvre qui doivent séduire tous les profanes et puis il montre l'Evangile et Parsifal apparaît, suprême effort de l'art en adoration devant l'Eucharistie !

A la naissance du Sauveur, il y a deux sortes d'êtres, des simples et des mages. Le royaume des cieux n'admet pas de bourgeoisie, il ne comporte que des mages ou des ingénus : et socialement, l'homme qui ne s'élève pas à l'intellectualité vaut moins que l'infime.

Cœur pur et haute intelligence, voilà ce qui reçoit les palmes : quant aux âmes moyennes, qu'elles n'espèrent rien de Celui qui a voulu certains péchés irrémissibles.

Le péché originel est une des nécessités qui implique l'Incarnation. J'ai traité longuement cette matière, repoussant l'idée de la faute Adamique pour établir l'imperfection sérielle, qui rend logique la solidarité. Ce que l'homme espèce a fait, tout homme l'eut fait fatalement ; ce n'était donc pas un drame de libre arbitre mais une conséquence du degré d'évolution.

Jésus, en s'incarnant, a comblé la distance que la grâce et la prière, sans lui, ne pouvaient parcourir pour se joindre : par sa descente, il a fait pénétrer le divin dans l'humanité et le courant que son passage a établi explique tout le bien de ce monde.

Les catéchistes abominent toute l'antiquité, sauf quelques patriarches Kaldéens ; hors d'Israël, il y a les Gentils « peuple immonde, peuple qui n'est pas peuple ». L'Occident ramassant l'injure que les Juifs jetaient aux croisés et se la collant à la face, n'est-ce pas démonstratif de l'inconscience et de la paresse d'esprit qui plane sur les religions triomphantes. Au lieu de cette loi de nature, absurdité, et de cette révélation primitive au premier homme, incapable de l'entendre, la théologie ne devait-elle dire que l'acte divin, l'incarnation, avait commencé sa vertu en même temps que son objet paraissait et que le Logos, longtemps, parut par ses témoins, avant de se corporiser en personne. Les plus grands des hommes ce sont les précurseurs, ceux qui ont rendu témoignage à la lumière, avant qu'elle fût chair.

La Charité, voilà l'apport unique du Christ, ce déplacement de la sensibilité de son point égoïste et instinctif pour l'identifier au bien abstrait. Dans l'économie providentielle, on a toujours supposé une manifestation de la troisième personne. Le Père a créé, le Fils a sauvé : que fera le Saint-Esprit ? Son hégémonie approche, les conditions fatales de l'humanité n'ont jamais été aussi singulières.

La pensée humaine, la voix même parcourt l'espace prodigieusement ; l'homme passe d'un continent à l'autre avec une vitesse incroyable : les races les plus lointaines prennent contact, et ce sera une seconde Babel de confusion, si ce phénomène n'est pas sanctifié. Les conquêtes de la civilisation matérielle, depuis un demi-siècle, étonneraient un homme qui pourrait se dégager des faits d'habitude pour les juger intellectuellement. Si le prestige du passé a diminué, sa réalité même a surgi, monuments et textes. Il y a maintenant une espèce de croyants nouveaux, ceux qui se sont rendus au résultat critique de l'étude. Le fédéralisme se dessine à l'horizon comme la forme politique de l'avenir. Tant de facteurs imprévus feront naître une ère nouvelle faste ou néfaste, mais différente de ce qui est advenu jusqu'à ce jour.

Cette confirmation qui est le sacrement du Saint-Esprit et qui n'a pas assez d'importance dans le rite chrétien, car elle devrait être précédée par l'étude d'un catéchisme spécial, — il faut la chercher dans toutes les entreprises de l'esprit. Combien ont conçu de fortes actions et les ont accomplies sans obtenir la divine confirmation de leur vœu ! Que d'efforts ont avorté par une lacune ou une superfétation que le Saint-Esprit ne voulait pas !

Ceci est juste et bon, cependant cela n'aboutit point faute de sanctification. Les égarements des grands maîtres de l'occulte, leur destin troublé, l'obscurité de leur pensée, l'imperfection de leur œuvre, tout cela a manqué de la confirmation ineffable !

La manifestation permanente du Saint-Esprit se découvre dans la loi providentielle qui utilise les écarts même du libre arbitre pour faire de l'harmonie, malgré l'homme ! Avec beaucoup d'attention, on suit la cynétyque des réactions divines : le scandale, l'excès déterminent des oppositions morales. Dans un acte de cruauté il y a matière pour autrui, par réflexe, à un mouvement de pitié. Celui qui saurait prévoir la parabole en retour d'une action serait un gubernateur merveilleux : mais le présent nous échappe par son rapprochement même ; illusion ou réalité, les événements où j'ai été mêlé ne gardent pas leur aspect et se modifient par la réflexion, tandis que des faits historiques, sur lesquels les appréciations sont épuisées, me donnent une solution dont l'évidence ne varie plus.

La création intellectuelle a un caractère analogue

à l'inspiration mystique ; il y a des moments où l'on voit et l'on entend son œuvre, elle vit ; et d'autres, stériles, où l'on ne se représente même pas nettement sa propre fiction.

Une autre matière du Saint-Esprit est la solidarité qui unit entre elles toutes les formes créées à tous les degrés de l'être.

L'Eglise a bien vu cette vérité par ses trois églises : militante, souffrante et triomphante. Un exemple timidement offert de l'expression du Saint-Esprit serait l'énonciation positive au lieu de la négative.

Au lieu de dire, il y a sept péchés capitaux, enseigner les sept vertus capitales :

La conscience, qui est le jugement que l'homme porte sur lui par rapport au prochain.

La libéralité, qui est l'habitude d'obliger le prochain.

La chasteté, qui est une habitude de résister aux instincts et de les régler.

La charité, qui est une complaisance pour autrui, soit qu'on soulage ses maux, soit qu'on se réjouisse de son heur.

La sobriété, qui limite le boire et le manger au besoin et à la santé.

La sérénité, qui est une habitude de refuser les provocations du prochain.

L'application, qui est une habitude d'avoir toujours une entreprise et d'y donner son effort.

Ainsi on proposerait à l'esprit la beauté d'une vertu à contempler au lieu de la grimace laide d'un vice.

La luxure serait donc l'habitude de céder sans règle aux instincts : formule nette, calme et pure.

Cette énonciation appliquée aux six péchés contre le Saint-Esprit, donne six vertus : Baser son salut sur la justice et non sur la miséricorde : ne jamais désespérer, parce qu'il suffit d'un mouvement de l'âme vers Dieu pour obtenir un sursis de sa grâce.

Défendre la vérité connue,

Applaudir au succès légitime,

Se réformer graduellement, sans se flatter d'une transfiguration,

Confier à la prière ce que la pensée ne reçoit pas.

Toute perfection vient de l'Esprit : c'est lui qui inspire le génie différent de chaque race, qu'il s'exprime par les lignes de l'Acropole ou bien aux merveilles de Chartres et du mont Saint-Michel. Ses servants doivent donc pratiquer la piété envers les monuments, ces témoins de pierre dont le témoignage dure encore à travers les siècles. Quand saint Grégoire le Grand fit jeter les statues Olympiennes au Tibre, il pécha, il obéit à la notion ordinaire de la police des âmes, il lança la rigueur de son zèle étroit sur un passé qu'il méconnaissait. La langue des formes architectoniques fut ignorée de beaucoup : Fénelon, cette âme exquise, préférait les églises de Palladio aux cathédrales sublimes, il ne connaissait pas sa religion dans l'expression monumentale.

Les directeurs de conscience, au xviie siècle, ne virent pas davantage le courant sacré qui circule dans des œuvres aux apparences profanes. Les prêtres préfèrent que les rôles de femme soient joués par des jeunes gens, alors que l'Eglise interdit au sexe de se déguiser en l'autre sexe.

Saint Joseph, lui-même, le patron de l'Occulte, élu pour participer au plus incroyable mystère, se troubla d'abord, et son premier mouvement fut une rationalité banale. Pour copier une formule célèbre de Pascal, le Saint-Esprit a des raisons que la raison ne comprend pas : il opère ses œuvres avec une entière indépendance, et si la dérogation aux lois de la nature pouvait désigner un acte du créateur, ce serait, en l'appliquant, aux extraordinaires interventions de la troisième personne. Tandis que la Création et la Rédemption ont la majesté régulière des grands fleuves de grâce, l'Esprit apparaît, imprévu, victorieux, foudroyant, éclair du mystère, surprise de l'au-delà.

C'est lui qui veille au domaine profane et y fait

éclore des fruits sacrés ; c'est lui qui tire le pur de l'impur et distille le peu de bien resté au libre arbitre humain ; c'est lui dont l'invisible activité suscite les réactions salutaires et reharmonise les rapports oscillants de la justice et de la miséricorde. Insaisissable en ses voies, fulgurant en ses œuvres, le Dieu amorphe, le Dieu abstrait, le Dieu qui n'a pas de nom, l'Esprit, plane sur le Cosmos, avec une sollicitude sans cesse ardente, soufflant sur l'étincelle pure pour qu'elle devienne foyer, et faisant avorter les noirs desseins de l'inconscience. En lui sont réunis les espoirs des plus hardis et des coupables encore généreux ; il sauve ce qui était perdu et rien n'est sauvé de ce qu'il perd. Il est terme de la grâce et sommet de la justice.

ARCANES
DE LA
SANCTIFICATION

LXXVIII

L'homme ne pouvait monter à Dieu ; Dieu est descendu à l'homme.

Miracle épouvantable qui réalise toutes les attentes et les dépasse indiciblement ; car il permane dans l'Eucharistie.

La présence réelle est toute la religion ; elle surpasse toute autre religion comme le chef-d'œuvre dépasse le réel.

« Et verbum caro factum est, » est le dernier mot du mystère que l'homme puisse recevoir. Je crois même que la Rédemption fait la plus grande ivresse du paradis et incendie d'amour la sphère spirituelle.

LXXIX

Le dessein de Jésus était divin, mais il l'a accompli humainement et dès lors, il y a eu pénétration du mortel et de l'immortel, avec des conséquences indéfinies que l'ambition ardente du cœur et la subtilité avide ne peuvent pas même supposer.

Le Calvaire est le chef-d'œuvre de la volonté, ô Mages, et l'Eucharistie, la réalisation de l'Absolu, ô chrétiens !

LXXX

Des trois mystères, c'est la Rédemption qui frappe le moins l'esprit, pour cette raison que la trop grande lumière nous aveugle ; il ne faut rien expliquer aux simples, car leur réceptivité restreinte sera tout de suite comblée.

Il faut tout expliquer aux subtils, parce que l'avancement dans la lumière, au lieu de les satisfaire, les excite et les pousse.

La Religion est le pain et le vin de l'âme ; elle est la santé, elle est l'espérance.

Celui qui ose prétendre à plus, est un téméraire en son vœu et si son vœu avorte, il devient un coupable.

Qui provoque le mystère sera cadavre, ou fou, ou roi de Thèbes ; mais le roi de Thèbes ne saura se soustraire au destin ; on peut dire malheur à qui devine, s'il ne sait se taire, c'est-à-dire ne pas se servir de l'au-delà en ses passions.

IV

L'INVOLUTION

Aucune créature ne pouvait se subtiliser au point de monter à Dieu pour apporter les supplications de la terre : il a donc fallu que Dieu se réalisât jusqu'à la concrétion humaine pour affluer au monde la plénitude de la grâce et laisser à travers les sphères un sillage perpétuel par où la prière atteignit le créateur, par où le créateur put bénir la créature.

Les apparitions qui ne sont pas la projection fluidique de l'évocateur, supposent une involution, c'est-à-dire une matérialisation de l'esprit et au contraire toutes les disparitions qui ne sont pas l'illusion du témoin impliquent une évolution, c'est-à-dire une spiritualisation du corps. L'Art a vu plus vrai que la magie ; sans les peintres nous figurerions-nous les Anges : la forme trouvée par Signorelli, Melozzo ou Angelico, dépasse ce que notre imagination conçoit et ce que les voyants ont dit avoir vu. La Madone des grands maîtres atteint le rêve de la perfection, car la prière en son essor d'évolution ne dépasse pas la zone d'où descend le génie en son involution.

Ce qui manifeste le ciel, vient du ciel, et ce qui manifeste la terre, vient de la terre. Il y a donc des âmes qui descendent en ce monde et d'autres qui d'ici-bas, s'élèvent.

Les esprits, qui n'ont pas été confirmés dans la grâce, peuvent pécher et, dès lors, le purgatoire pour eux serait la condition humaine. En face d'un Vinci, d'un Raphaël, d'un Dante et d'un Wagner n'est-on pas en présence d'un ange momentanément déchu, et expiant par des œuvres surhumaines sa faute indicible !

Du moins, sont-ils intermédiaires entre l'esprit et l'homme : la faculté de créer est si haute qu'elle n'appartient pas aux terrestres, à la commune humanité.

La classification des esprits en bons et mauvais, viole toute la théologie : mais la série spirituelle suppose des délinquants, des obscurés, et il y en a des mauvais, en tant qu'une chose qui perd une partie de ses qualités devient mauvaise par comparaison avec son état de plénitude.

La perte d'harmonie entraîne d'autant plus de désordre que l'harmonie était plus haute et un ange obscuré sera pis qu'un mortel perverti.

Cette meute de démons, aboyant à l'homme et le poussant au mal, figure des intérêts et des instincts ; cependant, dans l'intermonde, il y a des êtres tombés ou imparfaitement involués pour qui l'homme représente un intérêt, un moyen, un plan d'involution. Ce qui paraît dans les évocations, malgré les peintures de la légende où des prétendus esprits semblent forcés par la puissance des conjurations ; ce qui paraît dans les matérialisations et les phénomènes médianimiques est toujours un être imparfait qui cherche à s'involuer.

Le sang de l'animal égorgé par l'évocateur permet au fantôme de se corporiser ; et il est coutumier qu'une obsession souvent assez longue résulte de la tentative.

Le vampire de Moldavie, un des plus étonnants phénomènes historiques, se nourrissait de fluide humain à ce point que les cheveux continuaient à pousser et un sang vermeil à circuler en surabondance.

Les lois de ce phénoménisme ne sont ni bien formulées, ni surtout classées.

Il nous suffit de savoir que nos supérieurs ne viendront jamais à notre appel et que nos inférieurs sont des ennemis-nés, à tout le moins, d'avides parasites qui s'attacheraient à nous, pour nous dépouiller, et non de biens extrinsèques, mais littéralement de notre vie.

L'obsédé, le tabescent, tous ceux qui déperdent de la vie, présentent des aliments à cette série obscure de l'intermonde, élémentals et élémentaires. Est-ce à dire qu'il n'y aura pas de gloire pour celui qui découvrira quelque chose de ce mystère inférieur et qu'il est inique de tenter cette exploration ? Non, certes, chacun estime au prix qu'il veut sa raison et sa vie ; mais nul ne doit montrer cette tentative vertigineuse comme une étape de magification. La Religion ouvre à notre avidité d'inconnu de plus évidentes vermeilles, celles du transfert. Catherine Emmerich, l'incomparable voyante, l'immortelle assistante de la Vie de la Vierge et du Sauveur, eut, comme nombre de mystiques, la prodigieuse faculté de prendre ses transes à un malade et de les souffrir à sa place.

Une dame du plus grand monde eut la douleur de voir sa fille unique envahie d'une passion démoniaque pour un homme indigne : elle dit sa maternelle peine à une supérieure de Carmélite ; et celle-ci, après avoir réfléchi, lui répondit gravement : « Votre fille sera guérie ; il y a, ici, une religieuse assez sainte pour prendre sur elle la passion de votre fille, l'en décharger et y résister. »

La noble jeune fille fut guérie de son amour, on eut dit qu'elle avait oublié. Voilà de la magie catholique : voilà de l'imitation de Jésus-Christ en action.

Utiliser la douleur, comme on utilise la force, tel est l'arcane unique qui résulte de la Messiation. Jésus a souffert et le Verbe de Jésus a été formulé : Dieu a donc employé, en son insigne exemple, le moyen humain le plus puissant.

La hiérarchie de la douleur dépend de son objet, et souffrir en union avec Jésus, comme l'enseignent les *exercices spirituels* de saint Ignace, c'est raviver, pour ainsi dire les mérites de la passion et augmenter, élargir la miséricorde divine.

Il faut des victimes à l'éternelle justice, mais la charité défend les coupables, ces faibles devant Dieu ; elle attend, elle espère, elle obtient la victime volontaire qui, à l'instar de la Carmélite, assume l'expiation d'autrui, prodige de solidarité, miracle d'âme !

Le devoir, cet idéal laïque, est singulièrement dépassé par l'esprit de dévouement chrétien ; la justice, ce rêve de l'humanité à toutes les époques, est moins haut que la charité.

L'éducation nous prodigue trop tôt les admirables formules chrétiennes ; nous les apprenons, sans les sentir, comme nous les professons sans les appliquer.

Aimez-vous, dit Jésus, ne vous faites point de tort,

dit la loi, et cette différence signifie l'abîme existant entre l'idéal social et l'idéal religieux. Certes, il y eut, avant le Messie, des hommes purs et admirables, mais quel Verbe engendra les miracles chrétiens de l'abnégation? On est étonné de l'incroyable résistance du monde moderne, devant la parole divine ; il semble qu'une si ineffable douceur aurait dû vaincre les endurcissements et les perversités et, au moins, convaincre les gouvernants que l'équilibre social ne pouvant se baser sur le partage équitable prendrait son salut des renonciations. Dès que chacun réclame ce qu'il se croit dû, la terre devient petite, la discorde se lève, et il faut réprimer des revendications qui sont légitimes et par la force.

La Régente d'Espagne comme le Gaudissart français donnent du feu de file aux affamés qui crient trop haut. La France depuis trente ans dépense un milliard par an, afin d'être prête à tuer, elle n'a cure de faire vivre des malheureux.

Si le Verbe de Jésus n'agit point, c'est que l'éducation latine, même donnée par les prêtres, n'est point chrétienne : la façon d'enseigner l'histoire le montre.

On fait admirer aveuglément les Romains.

Les Romains! Adrien, sur la foi d'un songe, fait précipiter Symphorose aux cascades de Tibur; Dioclétien fait décapiter un enfant de sept ans, Barulas, on expose dans le cirque des chrétiennes nues aux génisses furieuses et le nom de César et d'Empereur est un synonyme de gloire et le Pape se fait acclamer Roi « *Viva el papa re* » à chaque cérémonie publique.

ARCANES
DE
L'INVOLUTION

LXXXI

Les évocations sont absurdes : qui donc viendra, ainsi, d'outre-monde à l'appel du sorcier, sinon un courant cahotique une écume de l'antique Theou-beou.

Les Maîtres qui ont laissé des œuvres, comme Platon, obéiront-ils à ceux qui, négligeant de les lire, veulent les voir. Dans la vie, nul ne somme les génies de passer à domicile les distraire; et quand l'abîme du devenir s'est creusé entre un maître de la pensée et cette vie, on se flatterait de l'y ramener !

Si les maîtres ne viennent point, évoquera-t-on les chemineaux de l'intermonde, les larves, ces êtres-choses qui ont intérêt à profiter de la force humaine pour substanter leur existence imparfaite et précaire.

L'évocateur est semblable à celui qui ouvrirait la nuit, la porte de sa maison, qui hèlerait le passant nocturne, dans l'espoir que ce passant soit un philosophe : ce ne sera qu'un misérable ou un malfaiteur.

LXXXII

La magie cérémonielle est une débauche, littéralement, une luxure de curiosité : elle a fait des fous, des dupes et, en art, du pittoresque, sans aucune contribution à la vérité.

LXXXIII

Ce que l'homéopathie appelle l'expérience pure, c'est-à-dire le praticien ingérant à l'état de santé un médicament pour en noter la symptomatologie, n'existe pas en occulte : il faut perdre conscience pour obtenir des phénomènes et que vaudra l'expérience d'un inconscient ?

LXXXIV

La somnambule peut servir d'agent au magiste ; mais le somnambulisme est d'essence si intermittente !
Si la lucidité magnétique, telle que certains l'ont obtenue, était susceptible de régularité, le monde changerait de maître en un moment.

LXXXV

L'Egypte a possédé certainement cette suprême science ou plutôt le sacerdoce égyptien : et, actuellement, l'Eglise seule pourrait la restaurer.

LXXXVI

Tenez-le pour certain ; le pouvoir magique n'est pas em-

ployable aux intérêts individuels ; l'épée du Verbe ne se laisse brandir que pour la victoire du Verbe ; et le Verbe, si silencieux et même dérisoire qu'il paraisse, le Verbe c'est la Papauté, non Mastaï, non Pecci, mais le Pape détenteur, inconscient mais légitime de la thaumaturgie.

V

L'ÉVOLUTION

Ici l'occulte diffère de l'enseignement religieux qui accumule les expressions les plus comminatoires pour augmenter sa force de répression morale. L'enfer catholique a trois *boglies*; la chambre de torture éternelle, le purgatoire et les limbes : il est impossible de faire cadrer cette formule avec la tradition magique.

L'enfer est l'état inférieur à la vie terrestre, c'est l'en bas ; ceux qui meurent dans le crime et qui ne sont plus même capables d'expiation descendent, alourdis par le poids du péché, les sombres degrés de l'infériorité.

Ne pouvant pas mesurer cette chute, graduelle et fatale pour le pervers, on a brossé la fresque du Campo Santo attribuée à Bernardino Orcagna ; mais les images ne sont pas les notions. Le dernier degré de l'inférieur, c'est le néant : pour l'homme, ce néant c'est la perte de la personnalité. Les Hindous ont confondu personnalité et individualisme ; ils ont vu l'état parfait, dans une résorbtion de tous par le grand tout : on peut figurer le Paradis, à l'instar des dévotes, comme une incomparable grand'messe où tous les élus assistent ; mais l'unisson des âmes n'implique pas leur impersonnalisation. Dieu est l'unité absolue, l'élu sera l'unité relative, la conquête de l'unité, quoique impossible en soi, réalise l'idée paradisiaque.

Arrivé à la plus haute perfection, l'être, pour le Brahmane, se réunit à l'Abstrait, il s'en distingue cependant, il entre au collectif de l'unité. On pourrait comparer cet état d'unification à l'orchestre où chaque instrument reste individuel, en n'exprimant cependant que la seule personnalité de l'œuvre.

L'Eglise enseigne que la grande affaire c'est le salut, c'est-à-dire l'état où la mort nous trouve : le devenir dépend du verbe, et en reculant la décision légale jusqu'à l'agonie, la théologie obéit à la charité : qui oserait l'en dédire ? Mais le devenir sera le total d'une vie mortelle, le repentir, bref, du dernier moment ne constitue qu'un sursis.

Il y a donc des hommes au repentir tardif qui quittent la vie, avec un crédit temporaire auprès de la divine justice : il leur est donné d'expier mais il n'est pas dit que tous en profitent : et le purgatoire peut connaître des récalcitrants. On objectera que le désincarné est frappé de la nécessité du salut plus que le mortel, mais combien ont perdu la faculté de vouloir ce qu'ils conçoivent même.

L'intoxication du péché ruine une âme, au point que le propos arraché par l'angoisse de la mort n'est point ferme et tombe. Il y a donc des âmes du purgatoire qui tombent à un degré inférieur d'où on ne remonte pas et la dévotion de l'Eglise est en ce point une merveille de raison comme de charité. Les prières ont pour but d'abréger l'expiation pour plusieurs, et de donner à beaucoup la force de ne pas tomber davantage.

Le feu écarte les bêtes et les effraye ; il fallait donc montrer aux instincts le même épouvantail.

Combien plus terrible est la réalité.

Le luxurieux a tous les désirs du corps, et il est désincarné et se meut dans un monde incorporel : quel état prodigieusement atroce qu'une sensibilité passionnée qui survit aux organes.

Le Gourmand, ce pécheur, si souvent mitré, cherche des mangeailles, lui qui n'a plus d'estomac, dans une sphère où la vie s'entretient par de subtils fluides. Celui qui a tué, l'homicide est le plus puni des pécheurs.

Il doit revivre, à l'état expiatoire, tous les jours

qu'il a tranchés. L'assassin ordinaire n'a que deux ou trois existences à opérer ; mais l'assassin national, le Bonaparte, qui a les millions de péchés de sa bande à expier, serait encore en Purgatoire, quand tous en seraient sortis, si la tombée à l'inférieur de ces monstres n'était immédiate. Ce qui fut Bonaparte pendant la vie doit être le néant, après la mort.

Le commun ne comprend que le repos dans le néant et justifie dès lors l'imagerie comminatoire : et dans le paradis, que la récréation calme et immobile : les plaisantins ont eu beau jeu de dire qu'on s'ennuierait en Paradis.

Cependant la réflexion découvre vite l'immobilité incompatible avec l'éternité et que l'état paradisiaque est un état de croissance et d'émerveillement continu.

Ceux qui ne sûrent que faire de la vie terrestre ne concevront jamais la vie éternelle et les autres ayant beaucoup peiné ont pour notion leur lassitude.

Chaque fois que je m'insurge, métaphysicien, contre la grossièreté d'une formule catéchistique, en méditant davantage je reconnais sa valeur d'enseignement.

Il s'agit moins de donner aux hommes beaucoup de vérité que de la présenter virtuelle : il faut les en nourrir et non les en ahurir.

En diététique morale, aussi, ingérer, n'est rien,

assimiler tout ; or, les subtilités ne correspondent qu'au très petit nombre des êtres recteurs.

Jamais les textes mystérieux n'ont été aussi publics et faciles à lire ; jamais ils n'ont été moins compris : le mystère ne se perçoit que dans la pénombre, expliqué il s'évanouit, c'est-à-dire que nous ne le distinguons plus des autres notions.

Aimer le Mystère, non dans l'espoir qui se matérialisera pour nous satisfaire, mais l'aimer comme l'ambiance de Dieu, et y aspirer pour en recevoir le sacrement, voilà le véritable occultisme, la science et les arcanes.

Un désir même furieux n'est pas de l'Amour et nous désirons parfois l'au-delà dans une sorte de concupiscence...

Il se produit, communément, une congestion de la personnalité, en cette matière, qui nous ôte le but des yeux et nous hypnotise sur nous-mêmes. Il n'y a pas d'humilité en Magie, voilà pourquoi il y a peu de miracle : car rien ne résiste à un S. François qui unit une volonté d'homme à un cœur d'enfant.

L'Eve de la Vulgate qui cueille le fruit fatal parce que cela est défendu, figure l'âme moderne essayant de soulever le voile d'Isis au nom d'une curiosité ambitieuse ou perverse.

Volonté, disent les manuels, même les miens, c'est bonne volonté qu'il faut lire.

Que veut le néophyte, un frisson inconnu, le frôlement des fantômes, ou le prétexte de se mitrer devant lui-même ?

Tous rêvent la puissance et pour en abuser, car l'homme est injuste parce qu'il est l'homme, et puissant il devient funeste.

Il n'y a de légitime que la paix : nul n'a besoin de gloire ; mais tout cœur a besoin d'amour. Supposons qu'un occultiste possède le secret que tous lui demandent, le philtre fatal, l'enchantement certain qui allume la passion dans l'être désiré, — s'en servirait-il ? et pour quel résultat, la possession d'un être qui ne s'est pas donné et qu'on a pris ! Peuh !

Si la passion contient une ivresse ; c'est uniquement la gratuité de son mouvement. Mériter, conquérir, séduire, sont des verbes puérils ; et qui ne reçoit pas le don pur et simple d'autrui, ne reçoit rien.

Le Grand Œuvre commence au salut individuel et se continue en charité, au salut du prochain.

Quand on a tiré de soi le plus lumineux parti, il convient de faire profiter autrui de son effort, de sa sa méthode.

Mais c'est illusion parce qu'on serait génie et saint de croire qu'on a qualité pour rénover le monde : pour cela il faut une mission, et on la reçoit des causes secondes, on ne saurait se la donner.

Tout homme qui parvient à une haute culture est

institué prêtre d'une série similaire à lui, prête à recevoir sa bénéfique influence : il a, quelque part, sinon des vassaux ou des disciples, des identiques moins évolués pour qui il sera flambeau : qu'il borne son effort à ceux-là.

Chercher qui nous ressemble c'est rencontrer qui nous aime et la récompense est immédiate au mérite.

Etre prêt à un rôle providentiel, à laisser la charrue de Cincinnatus pour commander, cela est beau et bien, mais il est sage de se préparer des successeurs, car les appels se font attendre parfois longtemps.

Le tigre qui ne dévorerait point d'homme serait déjà extraordinaire et méritant et l'homme d'exception méconnu qui ne fait pas de désordre, l'est davantage.

Le Verbe, à certaines heures, s'incarne dans le silence, parce qu'on ne l'entendrait point ou mal autrement.

Le laïc ou le clerc qui prononce les paroles convenantes au seul Pape, est-il un juste ? La vérité a ses canaux hiérarchiques, il faut qu'elle y passe, sinon elle ne sera point la vérité, surgissant en désordre.

Tant de passions se masquent divinement, que l'on ne sait pas quand on poursuit un but abstrait ou passionnel : et la vanité que nous mettons à nous élever, brise notre essor et le fait dévier.

L'esprit a ses passions dont les excès s'appellent schismes, hérésies, blasphèmes : et le tempérament bilieux d'un homme désorbite parfois une portion d'humanité.

ARCANES
DE
L'ÉVOLUTION

LXXXVII

L'évolution implique une augmentation d'activité, et le paradis ne peut être qu'une croissance indéfinie de mouvement.

L'involution implique un ralentissement de vie; et l'enfer ne peut se figurer que dans l'indéfini de l'inerte.

LXXXVIII

Parmi les fins dernières, le Purgatoire est plus immédiat que le jugement; et il comporte un tempérament admirable: la pénétration de l'église militante dans l'église triomphante.

La dévotion aux âmes du purgatoire est le vrai culte des morts.

La Charité, qui est l'amour à l'état parfait ne connaît point de limite; elle monte arracher le miracle aux mains des anges et descend visiter, apaiser et racheter même les patients de la stase expiatoire.

LXXXIX

L'homme est responsable des péchés d'autrui, quand il les a instigués.

L'homicide doit payer pour tout le dam de ses victimes, c'est-à-dire porter le poids de toutes les fautes qu'ils auraient pu commettre en leur vie normalement prolongée.

Le Bonaparte, ayant quinze millions d'existences tranchées à expier, même si l'enfer se vidait, seul l'habiterait.

LXL

Il ne faut jamais dormir dans la même atmosphère que le bourreau, les bouchers et les militaires qui sont allés au combat; car ces hommes traînent après eux les fantômes du sang répandu et peuvent communiquer des maladies de l'âme, qui gêneraient le devenir.

LXLI

Le juste est celui qui ne verse pas le sang et qui ne fait pas verser de larmes.

L'élu est celui qui conserve la vie autour de lui et qui essuie les larmes.

Ne pas être méchant c'est être homme.

Être bon, c'est être demi-dieu : il y a peu d'hommes et moins encore de demi-dieux.

VI

LA RÉINTÉGRATION

« Personne ne monte au ciel si ce n'est celui qui est descendu du ciel. »

Le ciel où Jésus est remonté puisqu'il en était descendu n'est pas le même où parviendront les élus. L'orthodoxie mentionne trois cieux : le ciel aérien, le ciel étoilé et le ciel empyré. Les commentateurs s'extasient sur l'Ascension par inconséquence et s'il était permis d'oser une rectification du symbole nous voudrions y lire simplement : « Jésus-Christ réintégra la droite de son Pére. »

On lit dans l'*Apocalypse* (14, 13) : « Heureux qui meurent dans le Seigneur, car leur œuvre les suit. » Or, l'œuvre du Christ a été d'ouvrir à l'humanité les portes du devenir béatifique; Il est remonté et comme personne divine et comme personne humaine faisant participer la série créée à son exaltation. Son prestige éternel serait augmenté, si la Messiation n'était pas un acte constitutif de la Divinité. La prescience nous est difficilement conceptible : notre façon de raisonner se limitant à une actualité nous empêche de sentir les divines simultanéités : la théologie est tout obscurée de ce seul fait : cependant nous voyons les prophéties prévenir par l'expression d'une mystérieuse attente l'événement providentiel : les prophètes ont attendu Bethléem bien avant que sainte Anne eut enfanté et actuellement ceux qui représentent l'âme mystique du christianisme attendent une manifestation nouvelle de la divinité puisque le cycle du Père se termine à la rédemption et qu'au deuxième millénaire la rédemption elle-même doit être suppléée par un nouveau Verbe d'en haut. La Gnose a le singulier prestige d'avoir honoré le Sauveur avant la religion ; en ces matières de tradition il faut suivre l'histoire ou à défaut la légende et la légende nous montre, non des prêtres, des mages, au berceau de Jésus. Les bergers furent avertis par des anges que le sublime Pasteur venait de naître, des esprits simples étaient frappés d'entendre des chœurs célestes et de voir de radieux éphèbes. Ils n'apparurent pas aux mages, la seule science leur révéla la naissance du Sauveur ; or, ils l'attendaient avec le désir de la foi, avec la conscience de l'esprit. Ces prodigieux penseurs avaient calculé l'heure du Messie et à la première apparition dans le ciel d'une nouvelle étoile ou au mouvement d'une étoile déjà connue ils se mirent en route vers Dieu, sans une hésitation, sans un doute, sans un retard, sachant ce qu'ils allaient trouver.

Un prestige incomparable restera attaché à cette science qui a tout devancé dans la sensation de la présence divine en ce monde. Melchior, Balthazar et Gaspard garderont éternellement leur tiare de conscients parmi l'humanité inconsciente et puisqu'ils furent les premiers témoins, il faut qu'ils soient les derniers : par eux se réalisera le Verbe du Saint-Esprit, par eux sera préparé le prodigieux avènement d'un règne de l'Abstrait : les fautes de quelques-uns n'infirment pas l'excellence de la matière : et la magie, vraie science et sainte science, annonciatrice du Verbe, est garantie de tous les anathèmes, il n'y a pas de faute qui puisse annuler cette antique excellence.

Les mages apportent les trois présents symboliques ; aujourd'hui encore les mages pourraient apporter l'encens du mystère, l'or du sceptre, la myrrhe de la douleur consentie, mais ils ne seraient pas reçus au Vatican comme ils ont été reçus dans l'étable de Bethléem. Le vieillard assis sur son prochain tombeau qui tient la place de Jésus, leur sourirait d'un sourire tellement humain qu'ils reprendraient leurs présents, persuadés de s'être trompés. Voit-on jamais le pape provoquer un colloque avec quelque représentant de la pensée humaine, ou s'instruire philosophiquement : monarque spirituel, il n'a souci que des vassaux bénévoles, sans contact avec la conscience universelle, enfermé dans l'étroitesse d'un cérémonial suranné, il continue un ordre de choses qu'il ne comprend pas et pendant qu'il confère avec les seuls pouvoirs politiques, l'esprit humain oscille, sans guide, et cherche dans l'analyse une solution qu'elle ne contient pas. La foi s'étonne que le vrai Dieu ne soit pas plus aisément vainqueur de l'erreur et quand on songe à la prodigieuse diffusion du bouddhisme on se désoriente : le verbe de Jésus n'a pu égaler ce cours. La rédemption a augmenté le libre arbitre humain ; les élus sont plus dignes et admirables, les prévaricateurs sont plus nombreux et pervers.

La liberté humaine doit être une bien grande chose aux yeux de Dieu pour qu'il ne la pousse pas un peu : et qu'il supporte cette résistance énorme et sempiternelle à son Verbe. On croirait, si on n'avait la crainte de blasphémer, que la religion n'est pas si nécessaire, ni à tous, puisque il est si loisible de la mépriser.

Elle est moins une obligation pour l'homme qu'un

inestimable secours. L'inéluctable loi et que nul ne transgresse, c'est la souffrance, non pas seulement celle d'ici-bas mais l'autre, la souffrance purgative. Souffrir, cela seul est nécessaire et voulu par Dieu, et l'homme ne s'y soustrait pas; quand il plaira au Créateur de se faire reconnaître de sa créature, il saura la méduser ou l'éblouir : en attendant, elle gémit jusqu'à la mort et longtemps après la mort, et ce gémissement la rend apte à la vie éternelle.

Celui qui, au lieu de se joindre à la caravane, veut traverser le désert seul et sans secours n'élude pas la loi divine, il l'accomplit plus durement et aggrave sa peine : tel, qui méprise l'Eglise et se dit philosophe ou bien sceptique.

On croit que la Vérité a besoin de succès, la religion de fidèles et Dieu du culte humain. Point du tout : le succès pour ne pas être une chappe de damnation doit être légitime; cette assistance universelle la religion est offerte non imposée et Dieu ne reçoit ni satisfaction ni peine de notre piété ou de notre prévarication.

Ce qui est nécessaire est forcé ; ce qui est facultatif n'est point nécessaire, voilà la simple formule de la relativité de l'homme, en face des lois de Dieu. Un enchaînement prodigieux de causes inaperçues opère, sans cesse, l'œuvre divine avec les mauvais éléments que lui livre la volonté de l'homme.

La loi des réactions, d'abord, qui fomente le despotisme expiatoire d'un Bonaparte après l'anarchie sanglante de la révolution.

On peut dire qu'une nouvelle certitude a été donnée à la Foi par les attaques des Strauss et des Renan, en forçant l'étude des origines.

Un scandale produit parfois des résolutions de vertu : un mauvais exemple n'est pas toujours perdu, il dégoûte du péché.

Il faut se l'avouer, nous voudrions être les spectateurs du triomphe, sinon ses auteurs : et notre impatience s'accommode mal de l'attente, parce que nous ne pouvons suivre le travail providentiel qui s'empare de tout acte humain et le manutentionne incessamment, selon des alchimies prodigieuses.

Du moins l'histoire nous permet de surprendre parfois les coups de barre des Archanges relevant la nef humaine et nous savons qu'ils veillent, infiniment subtils et forts, ces ingénieurs de l'Eternité, ces pilotes qui ont l'Absolu pour boussole, l'immensité pour compas !

Les attaches nationales nous gênent pour penser : Jérémie, en grand poète, se lamente sur Jérusalem, mais qu'importe Jérusalem ! Les juifs vont pleurer contre le mur du temple des larmes patriotiques et qui n'ont rien de mystique.

Saint Louis fut un roi plus près de Dieu que Salomon et la moindre des cent cathédrales de France est supérieure au temple de Salomon.

Les plus hauts penseurs se sont hélas passionnés pour la motte de terre où ils étaient nés. Joseph de Maistre ne cesse de s'inquiéter de l'avenir de la France ! Eh ! l'Egypte et la Babylonie étaient d'une autre importance et d'une autre valeur et elles ont passé !

Pour suivre Jésus, il faut briser les liens du sang : pour suivre le Saint-Esprit, il faut briser les liens de race.

L'universalité de la pensée ne permet pas de passion nationale. Si explicable que soit l'action du milieu sur l'individu, il doit s'en affranchir s'il veut voir chrétiennement, c'est-à-dire selon Dieu.

Or, la succession des empires n'a rien d'affligeant en soi ; il y a deux patries pour un chrétien, le ciel où il aspire et l'humanité qu'il doit épouser au lieu des passions de son village : car si il y a des solidarités économiques entre gens du même territoire, il n'y a point de solidarité entre le penseur et les passants ; jamais un mathématicien ne s'est demandé si un théorème concordait aux passions de sa rue, l'écrivain n'a donc pas à s'enquérir d'autre chose que la Vérité qui est en toute matière, l'Unité, et l'Unité de pensée consiste à s'abstraire du lieu, de la race et du temps.

ARCANES
DE LA
RÉINTÉGRATION

LXLI

Nul homme ne serait monté au ciel si Dieu n'était descendu en terre.

Mais il ne faut pas dire que les justes ne sont récompensés que depuis dix-neuf siècles, comme fait l'archevêque de Paris, car ce serait ne rien comprendre au Divin, dont tous les actes sont potentiels aux trois termes de la durée.

LXLII

Mosche a vu Dieu face à face, oui, il a vu Jéhovah; Toutmès a vu Ammon, l'Ammon de sa conception, et les simples qui n'ont rien pu voir en ce monde, verront Dieu dans l'autre; oui, ils verront leur Dieu : mais nul être créé n'a vu et ne verra jamais l'incréé.

LXLII

Le devenir heureux est l'apogée de l'être; l'état paradisiaque nous accomplira sans nous changer; nous serons parfaits relativement à ce que nous sommes : le B. Labre ne sera pas au groupe des docteurs. Le ciel est hiérarchique ; de la hiérarchie des œuvres ; mais une phrase de Pascal pèse bien des disciplines, et quelques mesures de Beethoven et de Wagner, bien des rosaires.

LXLIII

L'intelligence a devancé la Foi, dans l'étable de Bethléem ; les mages ont été les premiers adorateurs de Jésus ; mais peut-être sont-ils venus abdiquer devant lui, leur antique mission puisque le Christianisme devait réaliser la totalité des initiations ; et peut-être la magie est-elle, depuis une usurpation sur l'Eglise ; peut-être ? L'Eglise la possède sans la comprendre et la garde sans s'en servir.

LXLIV

Il faut que la prochaine Renaissance soit intellectuelle, car les symptômes d'une préparation sont évidents. Qui donc aujourd'hui lirait Voltaire sans rire ? L'impiété est scientifiquement finie. Le passé s'est levé, formidable témoin, confondant les blasphémateurs.

Il y aura beaucoup d'hommes sans religion, parce que les générations sont gâtées ; mais la religion n'a déjà plus d'autres détracteurs que des illettrés et des traitants politiques.

VII

LA JUSTIFICATION

L'idéal de justice a eu plus de martyrs que toute autre idée : dans les langues diverses, le mot juste désigne un être bon, sans faiblesse ; pieux, sans fanatisme : un saint n'est pas un juste, c'est beaucoup plus comme intensité, c'est moins comme harmonie. Savonorale avait beaucoup de traits du saint et d'abord l'enthousiasme ; mais ceux qui l'estimaient digne du nimbe ne l'appelèrent jamais un juste : il manquait d'une seule qualité qui est le frein de toutes les autres : la tempérance dans le bien.

Les vivacités contagionnent et telle notre âme qu'elle aime à souffrir violence : il lui faut des passions et elle en trouve dans le bien, qui sont mauvaises, malgré leur objet. Chaque fois que le bras ecclésiastique s'est doublé du bras séculier, l'amour de Dieu a, en apparence, créé la haine d'un certain prochain.

Comment se modérer, quand on incarne la vérité et ne pas frapper aveuglément lorsqu'on croit son bras, le bras de Dieu même ? En réfléchissant que Dieu ne frappe point et que sa main bénit sans cesse. Mais pour ceux qui repoussent cette toute puissante bénédiction, elle se change en anathème, par le fait qu'on la refuse.

L'œuvre de Dieu a plus souffert de l'impériosité des croyants que des attaques adverses.

Les hérétiques qu'on a brûlés, purifiés par le supplice ont conquis la virtualité inhérente au martyr ; et le protestantisme est la revanche des Albigeois ;

Le Juif vilipendé, exterminé, a rouvert la bourse de Juda et y a entassé tant d'or, que la chrétienté elle-même se trouve en présence de Shylock.

Est-ce le riche ou le circoncis qui est haïssable ? Dans les deux cas, il est curieux que les Rotschild soient les commensaux de l'armorial latin, tandis qu'on assomme le pauvre Juif dans les rues.

Nous ne percevons l'extériorité que par la lumière : si la forme ne la modalisait, si elle était invariable et implacable, la lumière nous serait ténèbre : le clair obscur est le terme de notre perception, et encore plus dans le sens métaphysique que dans l'optique.

N'oublions jamais que le sanhédrion a condamné Jésus, comme blasphémateur, pour défendre l'intégrité de la religion mosaïque : et que le clergé romain défendait ses Dieux en dévouant les chrétiens aux bêtes.

La vérité, socialement, ne se manifeste qu'aux actes et non aux doctrines : la charité, en toute occurrence, est à sa place, tandis que la formule d'une époque et d'un synode peut toujours être erronée.

Nous ne serons pas jugés sur la poule d'eau du vendredi, mais sur nos pensées de tous les jours : et la bêtise ne sera jamais pardonnée. Or, il faut être une bête pour s'informer si tel canard est licite ou non à manger : l'Eglise commande une restriction dans la nourriture et non pas un pointage de cuisinière sur sa liste de marché.

Les banqueteurs du Vendredi saint sont stupides, ils protestent contre une matière sublime ; mais le pauvre qui n'aurait qu'un bout de charcuterie peut le manger, en sécurité de conscience, parce qu'il est le pauvre, le grand dispensé !

Dieu ne dira pas à son tribunal : « de quel nom m'as-tu appelé — mais de quel cœur — ni quel fut ton prêtre, — mais quelle fut ta charité ? »

Malheur à celui qui s'est servi des vases sacrés pour ses passions ; malheur à celui qui a rempli de sang le calice et qui a crucifié l'Agneau dans le corps des faibles : celui-là ne sera jamais pardonné. Un seul salut est impossible, celui du fanatique sanguinaire.

Hélas ! la religion a redit souvent à tort le mot de Bélise devenu tragique :

Nul n'aura le salut que nous et nos amis.

Idée mosaïque, le Dieu des chrétiens succède au Dieu des juifs : il n'y a d'autre Dieu que Dieu, et peu importe le prophète qu'on écoute, si on l'écoute vraiment.

Hors de l'Eglise, pas de salut, mais qui est hors de l'Eglise ? Celui qui en viole l'esprit ou celui qui en ignore la forme ?

L'homme du Gange ou du fleuve Jaune se trouve donc hors de l'Eglise, et seuls les Occidentaux seront baptisés et sauvés.

Cette formule insensée a donné lieu à la propagation de la Foi, épithète impropre, car le missionnaire s'adresse à des croyants, pour changer leurs croyances traditionnelles et les mettre en désaccord avec le milieu où ils vivent.

Christophe Colomb a été le grand propagateur de la Foi, il voulait conquérir un nouveau monde à la croix, il l'a livré aux bandits espagnols.

L'incendie du Palais d'Eté, en Chine, perte irréparable, car la bibliothèque contenait entre autres merveilles les preuves que le caractère chinois sort du cunéiforme accadien, a été le fruit des missions.

Partout, la présence du missionnaire amène le vol, le viol et le massacre, partout. Les populations repoussent ces étrangers envahisseurs de l'âme, et la métropole les venge : l'Angleterre a emprunté aux latins les missions, tellement ce sont moyens pratiques de conquête.

Si les missionnaires se figurent que nul ne parvient au ciel que baptisé, je comprends leur zèle, mais leurs chefs, ceux qui leur ont dit cela, sont des imposteurs.

Hors de l'Eglise, pas de salut pour ceux qui ont refusé sa lumière ; oui, mais ceux qui sont matériellement en état de la recevoir ne forment qu'une faible part de l'humanité.

Sont vraiment hors de l'Eglise, les mauvais pasteurs, les loups déguisés en bergers, les Judas, les Didon. Les dominicains, parfois, semblent des adjudants ivres.

« Lorsque la persuasion a échoué, lorsque l'amour a été impuissant, il faut s'armer de la force coercitive, BRANDIR LE GLAIVE, TERRORISER, COUPER LES TÊTES, SÉVIR ET FRAPPER.

Eh quoi ! Nathan, d'un prêtre est-ce là le langage ?

Et le majestueux hibou du Vatican laisse ici le serviteur de Baal salir, de cette sanglante bave, la livrée des serviteurs de l'Agneau.

Et par cette parole d'épouvante et par ce silence du Pontife, plus épouvantable encore, le Mage ou le métaphysicien se trouve missionné pour défendre l'Eglise de ces deux calomnies vivantes, un moine sanguinaire et un oracle mort !

A Notre-Dame, on avait déjà innocenté l'inquisition, et ainsi on tue la foi dans les pays civilisés, tandis qu'on l'apporte aux négrillons.

Si l'Alliance du clergé et de l'armée continue, je serai avec tous les intellectuels dans le camp ennemi : car le père Didon est plus redoutable à l'Eglise que vingt schismes, il la déshonore non par des vices individuels mais par le mépris de l'Evangile même. C'est un sacrilège et, chose exhorbitante, qui restera impuni.

L'Arcane du jugement est celui-ci : l'homme sera jugé d'après lui-même, c'est-à-dire selon sa propre loi.

L'implacable sera perdu, et le miséricordieux se verra pardonné.

Mais le crime sans rémission sera d'avoir menti à soi-même, prêtre, d'avoir aimé le carnage ; roi, d'avoir fait des serrures ; penseur, d'avoir enseigné le doute.

Jérôme Savonorale a mérité le bûcher, comme

séditieux, mais l'ardeur de sa foi et la droiture de ses desseins valaient la canonisation : cet exemple suffit à montrer combien la justice est difficile à concevoir.

Pour plusieurs, le Bonaparte est un second Constantin qui a rouvert les Eglises; pour moi, c'est l'Antechrist en personne.

Le grand Eliphas Lévy admirait ce monstre, et le grand Chateaubriand l'exécrait.

Victor Hugo n'était pas chrétien et il avait de la charité dans l'inspiration ; les moines actuels ont des âmes adjudantes et ils consacrent tous les jours la divine hostie.

Le parti de l'ordre, en 1871, a été plus immonde que le parti du désastre et les soldats plus sauvages que les insurgés.

Les peuples d'une grande douceur tombent vite à une grande faiblesse : l'Anglais, le méchant pratique, rayonne sur le monde par le seul fait de son insensibilité.

Ces considérations arrêteraient tout bon esprit, si l'idéal ne venait allumer son phare parmi cette obscurité parcourue de décevantes lueurs; et l'idéal a son symbole dans la Croix : c'est elle qui est la forme arbitrale de notre jugement, et l'Evangile étant le code d'éternité, il n'y a plus qu'à détailler la proportion, ou la Force devient la violence.

ARCANES
DE LA
JUSTIFICATION

LXLV

Servir Dieu passionnément c'est mal le servir, car la passion emprunte sa force à son objet même et s'aveugle.

LXLVI

Dieu juge nos actes, non nos doctrines ; il vaut mieux être un juste boudhiste qu'un pécheur chrétien.

LXLVII

Le catholicisme est latin, le christianisme occidental, c'est-à-dire qu'il convient particulièrement à ces races ; un seul musulman s'est-il jamais converti si ce n'est quelque hamal. Il faudrait donc transporter des chrétiens en Orient, pour y transporter le christianisme.

LXLVIII

Le catholicisme a le droit de se maintenir, il n'a pas le

*droit de conquête, et le missionnaire qui s'appuie aux fusils de
la métropole ou qui les appuie est un missionnaire infernal.*

LXLIX

*L'Eglise est l'Arche de vérité, c'est-à-dire que la vérité y est
continue, même quand elle n'est pas manifestée.*

*On peut demander sa manifestation pourvu qu'on s'y soumette. Mais chaque fois qu'elle se tait, elle abandonne la parole à qui veut : car le silence ne peut être qu'habile et l'église
ne doit point l'être.*

LXLX

*Il y a deux forces ecclésiales, tantôt la lumière descend sur
le pontife, tantôt elle monte vers lui ; tantôt l'abstraction pontificale promulgue, tantôt le collectif chrétien suggère : et c'est
toujours le Saint-Esprit qui opère, mais on ne l'aperçoit qu'à
l'effet, et longtemps après l'événement.*

LXLXI

*La stricte justice, Dieu ne la rend qu'à lui-même, il fait
miséricorde à la créature, mais cela ne veut pas dire impunité.*

*Si nous mesurons le péché à notre faiblesse, il devient pardonnable, si au contraire à la grandeur de Dieu, il est irrémissible : mais Jésus s'est fait homme et la faiblesse humaine
et la grandeur divine sont mystérieusement conciliées.*

VIII

L'INSPIRATION

Croire au Saint-Esprit, c'est le reconnaître dans toutes les traditions, même en majeure partie erronées, et à la fois le pressentir dans la gestation actuelle ; c'est, surtout, le discerner dans les hommes imparfaits, dans les œuvres souvent perverses.

L'Absolu de l'erreur n'existe pas : non plus, chez aucun homme, la méchanceté radicale. Mais la paresse intellectuelle préfère décerner des couronnes ou lancer des anathèmes que de séparer studieusement l'ivraie du froment, dans une doctrine.

Le Saint-Esprit n'admet pas ces appellations ridicules, les Gentils, les Païens ? Qu'est-ce qu'un gentil, un homme qui n'est pas juif, et quelle place numérique était celle de la Judée ? la moindre de tout l'univers.

La Force est nécessaire au triomphe du Droit, mais elle ne se manifeste jamais sans abus : chacun, suivant qu'il sera bilieux ou nerveux, décidera son rejet ou son règne et chacun aura tort. Rien ne possède en ce moment des caractères si tranchés et il faut choisir non entre deux choses également bonnes, mais entre les parties de chacune.

Le bien ne s'opère que par combinaison avec un accident d'opposition : la vertu n'existera que par la victoire de la volonté sur l'instinct ou le personnel intérêt.

La difficulté est donc constitutive de l'œuvre et la tentation, de la sainteté : cette matière est une des plus obscures de l'occulte, elle bouleverse nos catégories d'entendement et nous force à ne pas trancher au vif et superficiellement.

Pour le simple, l'humanité se divise, depuis son aurore, en deux parts : Israélisme et Gentilité, un peuple de Dieu et les autres peuples : cela ne fatigue point l'esprit.

Mais cela n'est pas vrai : le catéchisme ment ? Le mensonge n'existerait que si on le proposait à qui peut le percer ; quand on dit à l'enfant que le petit Jésus le surveille, est-ce un mensonge ? or, les hommes sont des enfants et les pasteurs doivent proportionner leur parole à ceux qui les écoutent.

La dévote persuadée qu'elle verra Dieu ne sera pas

déçue, l'ombre de l'aile d'un ange suffira à l'extasier.

Dans une civilisation où tout le monde prétend à tout savoir, à tout faire et à tout être, il est difficile de faire accepter la hiérarchie des êtres.

Egalité est le mot le plus affiché même sur les Eglises et il veut dire ignorance incurable. Les Latins ont même perdu la faculté d'admirer, peuple de rois, écoles de maîtres, tels les pays d'Occident : les plus grands hommes du passé n'y trouveraient ni sujet, ni disciple.

L'œuvre providentielle s'élabore avec des éléments plus dispersés et mélangés qu'autrefois : il y a encore de l'ordre par la coercition, mais il n'y a plus d'obéissance véritable, faute d'autorité légitime.

Depuis la mort de Lacordaire et de Gratry, l'inspiration abandonne les clercs et passe aux laïcs. Parsifal, l'Evangile même en musique, l'Eucharistie réalisée en art est l'œuvre d'un homme sans religion et dont la dalle ne porte aucun signe de rédemption. Un autre génie, moindre certes, mais croyant, Franck qui a fait de l'art mystique n'a pas rencontré la gloire, car les catholiques de ce siècle sont les ennemis de la pensée et de la beauté, les fervents sectateurs de la niaiserie. Mois de Marie ou statue d'autel, images ou méditations, églises même et apologétique, tout cela est sans soin, sans art, sans beauté : à l'œuvre de Dieu, point d'efforts et il a fallu qu'un acteur lût en public du Massillon, pour révéler à beaucoup, ce que fut et ce que pourrait être l'éloquence de la chaire.

La parole de Dieu dédaigne les artifices et les vains ornements : et le curé Bottom fait son prosne avec moins de soin que le journaliste son article.

Illisible, la littérature pieuse ferait croire à la stupidité de tout ce qui est dévot ; et combien, je ne dis pas d'intellectuels, mais de femmes qui ne trouvent plus un directeur, voire un confesseur.

L'Art seul fait encore sa prière de façon à être écouté par les anges et ils en témoignent au Très-Haut. Les pasteurs ne savent plus paître leur troupeau, ils sont modernes et administrateurs, fonctionnaires d'Etat, non pas apôtres, commissaires de la religion et non évêques.

Le don de subtilité est le don le plus essentiel de l'Esprit-Saint ; il permet de découvrir des trésors sacrés enfouis en terre profane et des objets profanes instaurés indûment en office sacré : il permet de se nourrir l'âme et l'esprit de tous les fruits défendus au reste des mortels ; il constitue une élite dans l'élection même : à travers les modifications transitoires de la race et du lieu, il marque l'unité essentielle qui relie les religions entre elles et les philosophies aux religions ; par ce don seulement, l'homme s'élève au-dessus de la sentimentalité, il pense, il conçoit au lieu de sentir et d'éprouver, c'est l'archi-don.

Il y a encore des persécutions mais il n'y a plus de martyrs : on a pu, dans toute la France, chasser les moines de leur couvent sans avoir de procès véritable à faire aux défenseurs. Entre le fanatisme qui attaque et la foi qui se défend, il y a un abîme et le sentiment de Tolstoï, qui est de laisser libre cours au scélérat aboutirait à l'anarchie et aux pires maux. Socrate a bu la ciguë pour obéir aux lois, mais les gentilshommes qu'on venait chercher pour l'échafaud n'obéissaient qu'à la stupeur.

Personne n'a quelque étendue dans les desseins : le parti de l'ordre ne connaît ni son devoir ni son droit, c'est un gendarme qui ne garderait que sa caserne. L'autre parti se manifeste par des crises d'aliénés. Quelques explosions stupides ont suffi à précipiter la bourgeoisie terrifiée dans les bras de l'armée et en attendant l'ère des prétoriens, on voit l'homicide national se tourner comme un ogre lâche sur le Petit Poucet national, proie facile, gloire sans péril ; — fusiller quelques manifestants. De conduite, de plan, de pensée rectrice, nulle ombre, ni en haut, ni en bas, on dirait un peuple d'avortons et d'idiots : et depuis bientôt trente ans, ce qui fut la France et qui n'est plus que le garni d'un tanneur, manque à l'équilibre du monde, facteur ancien et vénérable qui va s'annihilant.

La Providence n'emploie à son œuvre que les éléments donnés par le libre arbitre et à cette heure, elle est impuissante littéralement à distiller quelque bien de l'humaine fange : non que l'époque soit criminelle, mais elle ne livre rien de caractérisé et d'intense.

L'allégorique combat de la vérité et de l'erreur ne s'observe plus : ce sont des duels d'erreur à erreur et la victoire est toujours une défaite pour l'idéal.

La Turquie vit littéralement de ses ennemis, chacun à son tour la soutient par haine du compétiteur, et la curée de Constantinople est indéfiniment différée, parce que les chiens politiques se gardent entre eux, plus ennemis du partage qu'avides de la proie.

Un demi-million de cadavres chrétiens n'a pas dérangé le moindre ministre occidental. Il n'y a plus d'autre solidarité d'homme à homme et de peuple à peuple que celle de l'intérêt et les sociétés épuisent la force acquise pour durer, sans prévoir le prochain moment où elles se découvriront sans idéal et sans mœurs.

D'après ce qu'on voit de l'individu sans science ni générosité, on se figure le sort des races qui proclament l'ignorance et se cantonnent dans le plus bas intérêt.

Calame, ciseau, pinceau, burin, il faut une matière

aux mains de l'artiste : et si celui de la rénovation paraissait, il chercherait vainement la matière de son œuvre.

La civilisation latine ressemble à Titania magnétisée, elle couronne de roses et couvre de caresse, la brute immémoriale, le nombre qui est Bottom en art, et la stupidité en politique, et la routine en religion !

ARCANES

DE

L'INSPIRATION

LXLXII

La vérité est dans l'universalité, cette sorte d'unité humaine : quiconque se souvient d'une patrie, lorsqu'il pense, ne pense point ; quiconque se souvient de sa doctrine, lorsqu'il cherche, pense mal : il faut se présenter au mystère, l'esprit momentanément nu.

LXLXIII

Le Bien étant combattu, il a besoin de la force pour exister ; mais le Bien est dans les faits et non dans les idées. Nul n'a le droit de mal faire, tout le monde a celui de mal penser ; car nous avons une règle pour la conduite : la charité ; mais n'en avons point pour la doctrine, qui soit universelle.

LXLXIV

L'homicide est un mal, le polythéisme une erreur ; il vaut mieux croire à cent dieux que d'avoir tué un seul homme.

Qu'est-ce qu'un encensoir mal balancé auprès du sang répandu et si une prière est fervente, qu'importe son lexique ?

LXLXV

Le devoir spirituel est de faire participer le prochain à ses lumières, mais il faut donner à ceux qui ont besoin et non battre les pauvres qui refusent l'aumône.

Il est plutôt fait d'établir l'harmonie dans les mœurs que dans les idées ; car chacun a besoin de mœurs et ceux qui se soucient d'idées ne comptent pas, tellement ils sont rares.

LXLXVI

La paix est la plus grande chose de ce monde et la plus difficile à l'homme parce qu'elle lui refuse implicitement sa pâture de bête féroce.

Un discours de simple raisonnement ne fixe l'attention d'aucun et la moindre violence suscite l'intérêt.

Il n'y a que les meilleurs qui apprécient la modération ; les saints eux-mêmes ont donné des exemples d'excessivité, sans lesquels ils n'auraient point conquis l'imagination. On veut avoir la fièvre et délirer même sur le chemin de la perfection, et on ne voit pas qu'ainsi on en sort.

IX

L'EGLISE

La Magie enseigne, comme moyen non pareil de la puissance réalisatrice, la formation d'une chaîne de volontés étroitement rivées l'une à l'autre par un unique vœu : et tous les maîtres de l'occulte engagent leur disciple à former cette chaîne, formule ironique, car nul ne crée de tels courants sans incarner un événement providentiel, formule erronée car cette chaîne existe et telle qu'on ne la rêverait pas; ses anneaux passent et courent de l'outre monde au ciel même et elle s'appelle l'église militante, l'église souffrante et l'église triomphante. Les prières du Purgatoire (qui ne peut prier pour lui-même) et les bénédictions sans cesse répandues par les élus sur la terre, constituent un armement formidable et auquel rien ne résiste qu'en apparence et un court moment.

Pourquoi donc rassembler une douteuse bande quand on a trois formidables armées ? Parce que même les podestats prennent des instruments spéciaux pour leurs plus mauvais coups, et que l'occultiste rêve d'armer ses passions pour les mieux assouvir, enfin parce que l'orgueil humain préfère commander que d'obéir, et diriger que suivre.

L'occultiste est un féodal qui voudrait ériger un burg inexpugnable où enfermer son orgueil et mettre ses secrets désirs en sécurité et en joie. Eh bien ! si l'on veut me croire, je le dis à tous : la Magie est inemployable aux intérêts individuels, et si quelqu'un y parvient, la punition ne tarde jamais.

Quel est le péché d'Amfortas ? Est-ce d'avoir faibli aux tentations de Koundry ? Non, mais de s'être servi de la sainte lance pour se défendre de Klingsor.

Les armes sacrées sont fatales aux combats profanes, voire à assurer l'impunité des fautes. A l'extase du Vendredi Saint, Parsifal a soin de nous dire, lui pur et qui cherche le chemin du Graal, qu'il ne s'est jamais servi pour sa défense de la lance auguste.

Le prêtre qui trouble une âme dans l'acte de la confession est plus coupable que Tibère à Caprée : car il s'abrite de Dieu même pour attenter au prochain. Je l'ai dit ailleurs, et je dois le répéter ici (1). En face de la communion des saints, il y a la communion des pervers : à côté des traditions vénérables, il y a les errements sempiternels et l'église contient d'une façon latente un fanatisme musulman tisonneur d'autodafés et incendiaire de bibliothèques.

Or, jamais, nul au monde, fut-il hiérophante ou pape, n'a eu et n'aura le droit d'assommer au nom de l'Esprit ; un bûcher ne prouve rien contre la victime, si la victime n'a point commis de crime matériel.

Certes, l'homme qui s'attaque aux âmes, est le pire assassin, et les attentats contre la Foi sont incommensurablement plus coupables que contre les personnes : il y a moins de sacrilège à tuer un prêtre qu'à insulter l'Eucharistie, mais l'homme ne connaît comme juge que des choses humaines, il a qualité pour venger l'humanité : non la Divinité. L'inquisition même en principe est infâme : elle supposerait une parfaite compétence et le moindre des rabbins brûlés en Espagne l'emportait en savoir sur Torquemada.

Au Verbe même pervers, on ne peut opposer que

---

(1) Le prochain Conclave. Instructions aux cardinaux, 1 vol. de 336, p. 3 fr. 50, Dentu.

le Verbe, sinon toute religion ayant les mêmes droits, puisqu'elle est la vraie pour ses sectateurs, serait une religion armée.

Certes, la vérité s'abdiquerait, à ne se pas défendre, mais dans la proportion et la nature même de l'attaque : et le feu de peloton ne sera jamais une preuve.

La répression théocratique s'écarte trop aisément de l'humanité pour qu'on l'autorise. Le bûcher où périrent après Savonarole, Jean Huss, Jérôme de Prague, Arnauld de Brescia servit de piédestal au médiocre Luther.

Les deux premiers étaient gens austères et éloquents : leur idée s'incarna dans le moine allemand tout à fait médiocre. L'initial mouvement d'une doctrine, à la contradiction, c'est d'invoquer le bourreau : celui qui ne conçoit pas Dieu à notre façon, blasphème ! Non, j'ai vu tourner des derviches en extase, dont le visage réverbérait le ciel et simultanément rire des Franciscains aux trognes pantagruéliques et suant la bêtise et le péché.

Il y a dans le catéchisme de ma première communion, à cette question :

« Il y a-t-il eu des saints, parmi les Gentils ?

— « Oui, mais en petit nombre ».

Quel que soit le poids qu'on accorde à mon témoignage, je n'ai vu en Orient d'autres saints que des

Gentils : et si on me posait la question catéchistique : Y a-t-il des saints catholiques, en Orient ? je répondrais : « Peut-être, mais en petit nombre. »

La Communion des saints comprend les saints de Memphis et de Thèbes, les saints du Gange et de l'Oxus, les saints de l'Euphrate et de l'Eurotas.

Les Oannès, les Manou, les Orphée, les Zorastre, les Çakya Mouni ont engendré des légions de saints et de toute éternité ils se sont reconnus frères du même père et ont partagé leurs couronnes, aux applaudissements des neuf chœurs.

Faites agréer du vulgaire, clergé et fidèle, une fresque où saint Thomas et saint Augustin ôtent leur nimbe et les mettent à Aristote et à Platon. Encore le sentiment religieux tolère-t-il les philosophes ! Mais figurez les apôtres se levant pour céder la place à des brahmanes, à des lamas, à des mages, et les fondateurs de religion plus près du trône divin que les saints eux-mêmes : ajoutez les élus de l'Esprit, les génies, mettez-les au-dessus de tous les fidèles ; montrez Raphael, Léonard, Michel Ange, embrassés, caressés par les Anges et enfin le Paradis en entier en admiration devant les poètes et les artistes ; mêlez le *Parnasse*, et l'*Ecole d'Athènes* à la *Dispute du Saint Sacrement*, et vous verrez les Franciscains serrer les poings et penser à vous assommer, car cette vision qui est certes la réalité céleste, confond l'ignare et rejette la crasse, l'ignorance, la routine, toutes les voies où marche, hébété, le bétail de la foi.

Chaque période a une dominante de direction divine : celle d'aujourd'hui est l'unification.

Les étonnantes découvertes récentes portent un caractère de diffusion des idées et de pénétration des races. Les expressions « internationale, cosmopolite, » sont des faits spirituels, il n'y a pas d'autre frontière véritable que la culture : il y a les civilisés qui se comprennent entre eux et les barbares ou les ignares qui sont forcément bornés par leur infimité.

Tel Prince persan, tel kabbaliste de Jérusalem. tel bramahtchari de Benarès est mon vrai compatriote, tandis que j'ignore la peuplade sauvage à laquelle appartient le président de la République française.

Les hommes de savoir et en même temps de bonne volonté sont frères possiblement, quels que soient le lieu et la race : tandis que les ignorants et les fanatiques s'avouent les ennemis de tout bien et entre eux même les plus féroces.

Le Saint-Esprit a ses hommes qui ne relèvent que de lui : on les reconnaît à ce signe, qu'ils sont puissants en œuvre, et qu'au lieu d'emprunter leur prestige à la religion, ils lui en apportent !

Des relations se peuvent établir par l'amour ou l'enthousiasme entre les esprits purs et les esprits immortels.

Comment douter que l'intelligence ne se réponde d'un monde à l'autre, puisque Dieu même accorde le miracle à la prière.

Les conjurations n'agissent que sur l'esprit du conjurateur : un pur désir seul atteint le monde supérieur. Qui s'inquiète de savoir s'il est digne de cette communion ne l'obtient pas et qui l'implore, la reçoit.

L'oraison mentale est la voie de l'extase, et la méditation celle de la vérité.

Quant à l'Hénosis, c'est un saint mystère dont il ne faut point parler : il n'advient qu'aux purs ingénus ou aux aigles de l'esprit, mais tous peuvent choisir leur aimantation ; et la placer haut, c'est se prédestiner.

ARCANES
DE
L'ÉGLISE

LXLVII

La puissance d'un signe est faite de la foi qu'on y attache, et vaut le total de ceux qui y croient. Le signe de la croix est donc le signe tout-puissant.

LXLVIII

Justus aquæ, Deus mare.
L'homme si grand soit-il, ne parvient à sa complète lumière que porté sur un collectif religieux : on pense seul, mais seul on ne réalise point ; la matière du grand œuvre c'est la foule d'âmes massées par le Credo.

LXLIX

L'Eglise est une telle merveille qu'elle vit et vivrait malgré l'indignité de ses membres et qu'il faudrait la conserver

V. — L'OCCULTE CATHOLIQUE

comme nécessaire, même si on la tenait pour fausse et inauthentique.

Depuis qu'elle a paru, il n'y a plus d'autre religion : car ce n'est point un nouvel ouvrage que des morceaux choisis et le Protestantisme est un fragment de catholicisme, non pas une chose à part et distincte, comme le Mahométisme est une ampliation du Mosaïsme.

C

Si mon goût ne retient dans l'œuvre de Raphaël que les Chambres, ce n'en est pas moins le seul Raphaël que j'admire ; on n'a jamais fait un nouveau tome en arrachant des pages, ni une statue en la brisant : donc il n'y a point d'autre religion depuis dix-neuf siècles que le catholicisme et il n'y en aura jamais d'autre.

CI

La communion des Saints doit s'entendre de tous les saints, de tous les temps et non des saints latins et des seuls patriarches hébreux.

Les autels d'Oannès, de Zorastre et d'Orphée ont été dressés dans le ciel sitôt que détruits sur la terre.

CII

On se figure que le Paradis est comme le Saint Sépulcre, tantôt aux grecs ou aux latins ; il est à la charité et à l'intelligence.

CIII

On devrait dire aux prônes des vieilles et belles églises, pour réformer le sentiment du bas fidèle « demandez à l'architecte sa bénédiction » ; car celui qui a bâti une maison au Seigneur ici-bas a la première place chez le Seigneur.

X

L'EXPIATION

Nul homme n'est pur ; l'imperfection sérielle appelé péché originel permane en lui : mais l'inévitable péché a son remède qui s'appelle l'expiation à Athènes et la Pénitence à Rome.

L'expiation est de deux sorties : fatale, elle satisfait à la Normale de justice ; consentie elle vaut le pardon au pécheur.

Quel confesseur, après l'ordinaire aveu, demande : « Avez-vous trempé dans un péché collectif ? c'est-à-dire, avez-vous été, soldat, marin, aux colonies ? » Avez-vous pris part aux éclats de haine contre les juifs ? Avez-vous été instrument et complice de crimes contre l'humanité ? »

Le Prieur du couvent a qualité pour obtenir la passive obéissance, c'est un recteur légitime des âmes, et nul ne subit son autorité qu'il ne l'ait accepté de son plein gré et sans contrainte.

L'officier n'a aucune autorité morale, et son commandement n'est qu'une transmission de mouvement ; « tirez sur les Allemands ou tirez sur les Français, » l'officier dit et le soldat fait « Feu ! »

On comprend comment cette obéissance existe, mais non pas comment elle s'est établie ; et il est instructif de le rechercher dans l'infériorité de l'espèce humaine.

La plupart des êtres n'ont aucun sens de la liberté et de la dignité : l'état militaire les remet à l'état barbare, avec moins de risque qu'autrefois. Jusqu'aux immortels principes, le militarisme était un métier ; et on devait encor sous Louis XVI, soûler un homme et lui compter quelques louis pour lui extorquer sa signature. Les tyrans n'auraient pas osé marquer tout le troupeau national pour l'abattoir : ce sont les libertaires qui l'ont fait. La mort n'est pas ce qui menace le soldat moderne, mais la maladie ; l'autorité du médecin militaire n'est pas suffisante pour résister aux officiers et tout malade doit mourir : la mort même change de nom, à l'armée, elle s'appelle crevaison. Tout homme valide à vingt-et-un-ans va à la caserne jusqu'à vingt-quatre ans, entendez-le bien, tout homme valide, et voyez l'agriculteur, l'apprenti, toutes les sortes d'ouvrier arrachés à la famille, au travail, à leur vie propre pour être jetés dans l'obéissance passive, tempérée par le café concert et le lupanar.

Demanderez-vous la continence à des hommes auxquels vous ne pouvez pas parler de morale ? Ils ne peuvent se marier qu'après trois ans de mauvais lieu et d'ivrognerie. Car, si l'ivrognerie pouvait être excusé, ce serait chez le soldat, qui, pour subir le joug brutal, s'abrutit par tous les moyens.

Le Recrutement tuera les nations modernes, ni la sanite, ni la morale ne résistent à la galère militaire.

C'est bien à tort qu'on s'acharne à attaquer tel sévice, telle barbarie de discipline : ce qu'on attribue à l'individu est le jeu régulier de la machine, la plus formidable que les peuples aient jamais trouvée pour régulariser le suicide et l'étendre à l'univers. Jadis les guerres étaient cruelles, néfastes ; elles n'immobilisaient pas l'entière nation.

Aujourd'hui, l'homme valide est perdu pour la civilisation, le vrai travail et le foyer, en tout temps, à sa majorité : voilà le trait distinctif de cette époque en face des autres.

On répondra qu'il n'y a pas moyen de mieux faire : je conclus que les peuples occidentaux se sont mutuellement condamnés au suicide et qu'il n'est plus besoin de peste, ni de guerre, pour le retour à la barbarie, le recrutement suffira.

Or, cette destruction organisée des peuples, par eux-mêmes, est tellement insensée qu'elle voudrait être désignée par un nom spécial : le péché contre l'humanité.

Il est rare qu'on fasse la critique de ses propres mœurs et qu'on soit frappé de ce qui est général autour de soi : le fameux sens commun de la philosophie est là pour tout justifier : et comme dit ce journaliste de Voltaire : « Qui donc a plus d'esprit que tout le monde » mot sémillant : l'habitude rend tout acceptable et lorsque une race se met des anneaux dans le nez, cet ornement devient plastique et raisonnable ?

Ici l'Eglise a vraiment manqué à son mandat. Le pape bullifie à propos d'un pamphlet et, non pour les massacres d'Arménie, et son vieux et mauvais génie césarien lui a fait accepter la déshonorante complicité du suicide militaire. L'Eglise croise sa crosse avec le fusil parce que des braillards de rue ont jeté quelques cailloux au presbytère.

Le pire désordre a toujours été une usurpation de pouvoir ; aujourd'hui on arrive à l'inconsciente confusion des compétences et des rôles. Aucune place n'étant vraiment remplie, chacun légifère à sa guise, et en empiétant ne nuit à personne : l'indifférence étant devenue l'opinion. Nul ne croit à la sincérité du penseur lui-même : on voit dans sa doctrine une prédilection, un penchant et non une conviction. Il serait oiseux de rechercher encore la vérité, si cette recherche ne renfermait sa raison, en elle. Tous les péchés contre le Saint-Esprit se réduisent à deux : l'acte de l'ignorant, l'abus du savant. Bottom président le conseil des ministres, et Prospero faisant servir sa magie à de vaines ambitions sont les extrêmes de cette prévarication. Ne rien comprendre et vouloir tout expliquer, être un sot et être un habile, vouloir sans savoir, et vouloir malgré qu'on sache, termes égaux d'injustice et de désordre.

Il y a encore de la répression, il n'y a plus d'obéissance sociale : on déshonore des chefs déshonnêtes mais on leur continue l'obéissance par faiblesse, et nécessité. Il vaudrait mieux se taire jusqu'à l'heure d'agir et réaliser enfin son mépris. Les peuples latins méprisent leurs pasteurs, mais ils les subissent : c'est donc qu'ils n'en méritent point d'autres.

Il n'y a jamais eu de peuple saint, mais dans tous les peuples il y a eu des saints : le devoir individuel en même temps que l'intérêt se résument à la sanctification.

Partout et toujours le meurtre, le vol et le viol ont été réputés abominables : les dix commandements de Mosché sont l'abécédaire de la morale et rien de plus.

Les commandements de l'Eglise doivent être obéis, mais ils sont moins immédiats, il est moins coupable de ne se point confesser (quoique cela soit un péché) que de tuer un homme. Etre humain, voilà l'ordre le plus absolu : et tout le monde l'entend.

En Egypte, j'ai trouvé plus d'humanité qu'en aucun autre lieu. On m'a offert à boire sur les routes; le fellah a essuyé ma poussière et m'a guidé, et cela sans intérêt, par humanité : tandis que le Français et le Parisien a été aussi inhospitalier que l'Arabe, aussi brutal que l'Allemand.

La bienveillance pour celui qui passe, le sourire au passant, s'appelle une vertu, et cela ne se lit pas même aux yeux des prêtres latins.

Comment le divin Maître n'a-t-il pas parlé au fellah : comme il eut été compris! Mais il lui fallait des bourreaux, et seul Israël était assez bassement fanatique pour immoler l'Agneau sans tache.

Après les Egyptiens, les Provençaux sont les moins méchants des hommes : les pires êtres sont les gens de Paris, et à Paris les gens du boulevard; ceux-là incarnent l'instinct de bête et y ajoutent la perversité.

Même sans paradis et sans purgatoire, c'est-à-dire sans la sanction de la vie future et la loi de justice barrant le devenir, il faudrait encore, sous le ciel et en face du scheol, rester pur ou, terni, se purifier.

La Beauté morale est une conception si logique pour l'homme développé, que le péché, considéré comme un faux accord, une déformation, une vulgarité est encore haïssable au même titre où la religion le hait.

ARCANES
DE
L'EXPIATION

CIV

L'homme naît imparfait et son imperfection le rend pécheur ; il peut se racheter de l'imperfection sérielle ; non éviter le péché mais l'expier, et dès lors, moins heureux que pur, il s'élève en finalité, plus haut : car cette élévation est l'œuvre difficile et hautaine de sa volonté.

CV

Le péché collectif est celui où l'individu est instrument et n'apporte aucune passion ; il est expié collectivement par la race dont les passions l'ont délibéré, mais il alourdit le devenir de tous les passifs qui y ont adhéré.

C'est une erreur de dire qu'un colonel relève le soldat de sa conscience, puisque le colonel n'a aucune valeur morale et n'est lui-même qu'un instrument. Les soldats de conquête seront jugés comme complices, encore qu'ils n'y aient point trouvé de bénéfices mais des risques.

CVI

L'incompétence et l'abus sont les deux délits contre la troisième personne.

Il n'est jamais permis de faire ce qu'on ignore ni d'employer ce que l'on sait contre la Norme : et ce point de vue damne tous les démocrates et quelques mages.

CVII

La sainteté est un phénomène individuel, comme le génie.

Les collectifs sont pécheurs et bêtes, mais combien pitoyables, et Jésus a fait de cela un prestige !

CVIII

La civilisation en sa menue monnaie est une bienveillance a priori, ignorée du Français et fréquente chez l'oriental.

CIX

Le péché est la laideur en acte, et le sentiment esthétique suffirait non pas à réaliser, mais à faire concevoir l'idéal de la perfection chrétienne.

XI

LA RÉSURRECTION

La résurrection de la chair, selon le catéchisme, est incompréhensible, elle suppose chez les élus quatre grâces : l'impassibilité, la clarté, l'agilité et la subtilité, toutes qualités négatrices du corps, cet ensemble organique.

Comme si l'obscurité de cet article ne suffisait point, il a fallu qu'on le rendît absurde. « La résurrection de la chair est un avantage de l'Eglise, parce que les vrais fidèles ressusciteront seuls pour vivre éternellement avec Dieu.

« Quels sont les vrais fidèles ? Ceux qui sont morts après avoir reçu de l'Eglise la rémission de leurs péchés. »

Ceux donc qui sont morts avant l'Eglise et en ignorant l'Eglise, ne sont point vrais fidèles, et ne vivront point avec Dieu !

Voilà la conception du fameux Gaume, brefié par Grégoire XVI, approuvé par le cardinal Lambruschini et le corps épiscopal. Ces blasphèmes qui défient à la fois et la raison et l'Eglise, s'inspirent d'un sentiment politique et mosaïque.

Si vraiment l'Eglise distribue tant de lumière à ses fils, combien sont admirables ceux qui, sans la connaître, l'ont précédée et devinée dans leurs vertus et dans leurs œuvres.

Bellarmin insiste : « les mêmes corps que nous avons maintenant ressusciteront ». La science a montré que le corps vivant, molécule par molécule, se renouvelle en sept années, et on évoque les plaisanteries de Voltaire sur la résurrection du missionnaire mangé par le Huron. Tout cela vient de cette inconséquence d'avoir fait un binaire de la créature, quand le Créateur est un Trinome. L'homme est composé de corps, d'âme et d'esprit : le corps est passible, il n'est que la forme des deux autres éléments ; l'esprit est essentiellement immortel, il faut donc que la résurrection soit un phénomène animique, portant sur la partie médiane du composé humain.

Toute médialité tient de deux termes ; l'âme chez les uns se spiritualise, elle se matérialise chez les autres : l'esprit figuré par la baguette du caducée emblématique, équilibre les deux serpents, le sentiment et l'instinct en opposition pondérée. Le devenir exige que l'un l'emporte et dévore l'autre. Le péché corrode l'âme comme la maladie le corps, et la période purgative est littéralement une cure mystérieuse des blessures de la vie, de toutes les maladies nées de la concupiscence et des passions terrestres non réprimées.

L'âme prend fatalement des habitudes corporelles, elle épouse les instincts : dans la volupté, par exemple, la participation de l'âme est éclatante. Que serait donc une sensation dégagée de sentimentalité ?

La résurrection de la chair sera donc l'âme épurée au point de n'avoir plus qu'une forme corporelle au lieu d'un corps. On ne peut concevoir l'informe ; les esprits sont formels et la forme de la résurrection sera l'analogue du corps. Mais quel est l'analogue d'un noir et salissant morceau de houille, le pur et étincelant diamant : l'hymne des Rose-Croix, le proclame : *Gemmatus resurgam !*

Oui, le corps actuel est au corps ressuscité, comme le carbone est au diamant ; c'est donc une transfiguration plutôt qu'une résurrection ; au reste, l'épithète de corps glorieux le fait supposer.

Pendant la vie, il se fait un perpétuel travail de repoussé entre l'âme et le corps ; le vertueux modèle son corps, l'assouplit, il en est vêtu et non opprimé ; le pécheur, au contraire, est semblable à un homme armé de toutes pièces et dont la chair céderait sous les coups qui bossèlent le fer.

Pour entendre le mystère de la résurrection, il faut avoir pénétré celui de la mort et le théologien ne l'a point fait, pour simplifier l'énonciation.

S'il n'y a qu'une mort, celle que nous connaissons, la résurrection fera revivre ce que nous avons vu mourir : la chair. Mais outre que la chair ne saurait exister à l'état impassible et subtil, la résurrection ne s'applique qu'à une mort future, astrale ou animique qui est la dernière épreuve de la vie purgative et après laquelle nous sommes confirmés dans la grâce. On a trop l'habitude de considérer que la confession *in articulo mortis* nous refait une pureté, elle nous rouvre un crédit miséricordieux.

Eh! quoi! demandera-t-on, est-ce que celui qui ne s'est point damné, pendant la vie, se pourrait damner après la mort; est-ce que l'âme du purgatoire garde du libre arbitre pour se précipiter au néant? Toute réponse serait téméraire, et ce sont là des questions insolubles, puisque la Foi n'a point de révélation, ni la science d'expérience possible.

Mais il est indubitable que le passage de la vie organique à la vie astrale ne se fait pas aisément et que le désincarné ne s'accoutume qu'avec lenteur et douleur à son nouveau sort.

Natura non fecit saltum, il y a donc une enfance,

une adolescence, un âge mûr, une vieillesse et une mort après la vie terrestre, et les hindous ont pris cette évolution vitale pour des superpositions indéfinies d'existence. Il y a des esprits qui fuient la précision comme une borne de l'esprit et d'autres qui précisent afin de s'avancer plus avant, et de faire du point évident un point d'appui pour des investigations plus hardies encore. La vie pourrait être représenté par un tryptique, le volet de gauche représenterait la vie terrestre, l'autre, la vie astrale et le panneau central serait consacré à la résurrection. On y verrait d'abord l'homme analogue au ver, puis chenille, enfin, magnifique papillon. Le ver vit dans la terre, la chenille sur l'arbre, le papillon se joue libre et harmonieux dans l'air et la lumière.

Le Dante, ce très grand initié l'a dit avec une précision rigoureuse : « Nous sommes les vers nés pour former la farfale d'éternité. »

La résurrection de l'homme ne ressemblera pas plus à son ancienne image que le papillon ne ressemble au ver : mais il sera le même individu doué d'essor, au lieu de ramper par un pénible mouvement de ses anneaux.

Qu'admirons-nous dans l'œuvre d'art, sinon une résurrection des corps; cette harmonie d'idée de l'Ecole d'Athènes, ce frémissement de justice du Jugement Dernier, cette joie sainte et forte de l'Assomption du Titien, ce sont des apothéoses. Tout ce qui n'est pas en hauteur n'est pas de l'art, pas plus les Vélasquez, que les Syndics de Rembrandt. La vie dans l'œuvre ne suffit pas : donnerait-elle l'illusion de la réalité, elle ne donnerait rien ; l'artiste doit des visions et non des vues.

Il faut une particule d'imbécillité dans sa nature, pour regarder sans ennui un Hondekoeter, de même pour supporter au théâtre le fac-similé de la vie quotidienne ; ce sont des goûts d'avortés ou de dégénérés.

La Beauté est la moralité de la forme : le laid et le vulgaire sont immoraux et corrupteurs. Les êtres vraiment beaux ne sont pas vicieux et je ne crois pas à la splendeur des anciennes courtisanes, ni à leur charme.

Celle qui passe de main en main, devient vite le total de ses amants et les riches de tout temps furent médiocres. L'amour lui-même serait une résurrection nerveuse, s'il réunissait deux virtualités d'idéal.

Il est un mystère que l'on n'aborde pas, quoiqu'il résulte des lois admises du complémentarisme, c'est la question du sexe dans l'éternité. Le sexe moral disparaît dans la seconde mort, le couple est une idée inconcevable à l'état paradisiaque, ce serait le mariage sans enfant.

Non, Dante et Béatrice, au jour de la résurrection

ne seront qu'un même être, et Wagner, par l'intuition du génie a deviné le dogme Eleusien de l'androgyne final, dans Tristan et Yseult.

Quelle confusion surgit d'une pareille idée, qu'elle évoque d'angoisses et de susceptibilités! Ceux qui mourront sans connaître « leur moitié » selon le terme d'Aristophane la trouveront-ils et consentante? Comment se fera cette prodigieuse réunion d'êtres si apparemment dispersés? La matière est pleine de ténèbres, mais derrière elles, il y a une vérité, regardons-la, même sans la voir, afin de la supposer dès à présent.

ARCANES
DE LA
RÉSURRECTION

CX

Il y a deux morts, la mort physique et la mort astrale ou animique, c'est au lendemain de cette seconde mort que se place le dogme de la résurrection.

CXI

La Résurrection implique l'identité de personne, mais non d'état; pour le juste, c'est littéralement, l'apothéose.

CXII

Le théâtre antique représente des héros et ne figure qu'une série de purifications volontaires ou de fatales angoisses, en un souci de la vie éternelle que le mosaïsme a ignoré.

CXIII

Par analogie, la seconde vie suppose une seconde mort : celle-là, terme de l'évolution.

CXIV

Jamais l'être ne revient à un état déjà vécu : il monte ou descend, mais rien ne se recommence, ni en ce monde, ni en l'autre, tout se suit, s'enchaîne par progression.

CXV

Deux religions sont en dessous de toutes les autres parce qu'elles n'ont point de vérité et l'eussent gardé jalousement si elles l'avaient possédée :
Le Mosaïsme et l'Islamisme.

CXVI

Le point extrême du devenir humain est le retour au type initial : l'androgyne.

CXVII

En cherchant seulement la beauté pure, les artistes en ont plus dit, sur la destinée du corps, que pas un philosophe.
Le génie voit en Dieu.

CXVIII

Il y a une magie en images, les chefs-d'œuvre dont le commentaire ferait pâlir les dissertations et les traités.

CXIX

Le mystère autour de nous est semblable à la matière, nous pouvons regarder le sol ou le ciel, jetons aussi haut que possible les aigles de notre imagination.

XII

LA VIE ÉTERNELLE

Cette expression de vie éternelle qui termine le symbole, suffirait, si elle était comprise, à satisfaire la science, à cesser ses désaccords avec la foi.

Pour le catéchiste, la vie éternelle c'est le paradis ou l'enfer, c'est-à-dire deux pôles d'aboutissement qui terminent l'activité.

Sans rechercher le sentiment des théologiens, il semble que ayant satisfait à la justice et entré dans la béatitude l'homme n'ait plus à avancer, et c'est bien là le sentiment général puisque on dit un béat, d'un homme en rêverie, et que l'idée de béatitude sert de synonyme au repos et au sommeil. Cette quiétude en Dieu, une fois conquise, supprimerait donc la suite du devenir, quand la véritable éternité commence : l'élu, embaumé dans les bandelettes de son élection, cesse de vouloir, de mériter et de progresser, littéralement il jouit de sa retraite de fidèle, telle que l'église la garantit.

Autre est la vraie notion : la vie éternelle c'est l'éternité de la volonté et de l'acquisivité, c'est l'accélération du mouvement, c'est la croissante intensité.

Il est vrai que par cette expression de voir Dieu face à face, on a brouillé les images et les notions.

A quel degré l'élu percevra-t-il l'ombre de la lumière divine? Cela ne peut être précisé, d'autant que la divinité est aussi diverse que la créature et, dans l'éternité, chaque esprit sentira Dieu, par le côté même où il l'a perçu en ce monde.

Mosché, Dante et Michel-Ange sentiront la toute puissante force du Créateur; et Platon, Léonard de Vinci et saint François percevront sa subtile charité.

Unifier les actes, c'est faire de l'ordre et la morale doit être unitaire : mais la diversité du sentiment ne doit pas être violenté, et pourvu que l'idée ne disconvienne pas à la Majesté de l'objet, qu'importe sous quel angle de réfraction notre âme s'extasie.

Père, roi, prieur, juge, poète, artiste, Dieu est tout cela et pourvu qu'on l'aime, on le trouvera selon son amour.

L'époque actuelle a fait tant de ruines qu'il ne faut lui contester ses quelques progrès : il n'y a plus d'hérésies, et surtout d'hérésies armées : l'idée de contrainte en matière de foi ne vit plus que sous le bonnet des cosaques et elle vit politiquement.

L'Etat, être collectif, doit avoir la religion de la majorité, mais accueillir comme des sœurs les autres communions. L'armée du Salut, avec ses cantiques imbéciles, ses discours inénarrables, sa musique, vraiment turque, fait du bien.

Il faut aimer Jésus, se convertir et convertir autrui : excellente formule. Laissons venir au Bien par tous les chemins ; tôt ou tard l'Eglise nassera ces âmes, on les lui prépare, littéralement.

L'inquisition dont le détestable esprit n'est pas mort, mais qui se renferme impuissante sous le froc, aurait poursuivi et brûlé les salutistes, comme le sanhedrion a crucifié Jésus par orthodoxie. Si le fanatisme a été assez insensé pour changer un Dieu en criminel, redoutons cette passion abominable et la combattons par tout où elle se montre.

C'est calomnier Dieu que d'employer la Force contre les écarts du sentiment : il faut rechercher les crimes, non les erreurs ; car l'énonciation des orthodoxes est pleine d'erreur et il n'y a pas un catéchisme diocésain qui ne puisse valoir l'autodafé à son rédacteur, si quelque penseur s'en faisait juge.

L'état paradisiaque sera fait de notre foi : nous serons ce que nous aurons cru ; de notre espérance : nous nous réaliserons en ce que nous aurons espérés ; de notre amour, nous deviendrons, cela même que nous aurons aimé.

Le saint qui a aimé Dieu, devient donc Dieu ? Oui, dans le sens où un enfant, encore inconscient, est heureux comme un roi.

Mais si notre foi s'est trompée, si notre espérance fut inharmonique, si notre cœur fut désordonné? La période purgative nous orientera à nouveau, mais nous n'aurons jamais l'élection pareille, à ceux qui, dès ce monde, conçurent des pensées d'éternité. L'Eglise nous répète sans cesse de nous préparer à la mort : et c'est une recommandation maternelle. Non seulement notre effort d'ici bas facilite le devenir, il l'assure.

Qui a pensé à l'éternité, dans le temps, possédera l'éternité; qui n'a pensé qu'aux contingences se verra refusé par l'abstrait. L'homme sans idéal sera comme un étranger dans l'au-delà, il n'entendra pas la langue et on ne le comprendra pas, il sera seul, et infiniment malheureux.

« Le temps et la matière sont deux idées corrélatives et inséparables ; le temps c'est la durée de la matière ; sans la matière, il n'y aurait point de temps. »

Ainsi s'exprime Lacuria : mais la matière n'étant que du mouvement cristallisé, ce que l'ancienne chimie appelait le chyle, et le mouvement n'étant que de la pensée à l'état dynamique inférieur, et la pensée n'étant que l'abstrait en modalité, et l'abstrait ayant sa personnalité en les idées mères, tout se tient et Spinosa a raison, l'enchaînement des séries permet de monter ou descendre l'échelle du Logos.

Le temps est relatif à l'homme être temporaire, en sa vie organique ; l'éternité est le temps absolu.

La notion de la durée vient des phénomènes de croissances et des décroissances en nous et autour de nous : l'éternité est une affirmation absolue et une croissance ininterrompue : là, le temps se multiplie sans cesse par lui-même et on pourrait dire que l'éternité s'augmente incessamment ou plutôt elle se génère de soi.

Il découle donc, que l'élu devenu éternel participera à ce mouvement sans réaction et que sa vision du divin s'augmentera, dans la seule mesure de sa résistance à un tel émerveillement.

Car Dieu, pour anéantir sa créature coupable, n'aurait qu'à lui montrer l'ombre de sa lumière et l'âme aveuglée, consumée, anéantie ne survivrait pas à cette foudre de splendeur : mais ce serait une divine mort et non un châtiment.

Voilà pourquoi ni les élus, ni les damnés ne verront Dieu parce que les uns et les autres ont besoin de l'éternité pour supporter leur joie ou leur supplice.

ARCANES
DU
TEMPS

CXX

L'homme ne pense que par opposition entre deux idées ; il ne peut rien percevoir sans son contraire ; une chose n'est que ce qu'elle n'est pas.

Mais la perfection de la pensée est de trouver un troisième terme qui équilibre et marque le degré entre l'affirmation et la négation.

Il ne fait pas jour, donc il fait nuit, le vrai terme sera pénombre ; le clair obscur est proportion entre l'un et l'autre.

CXX

Tout jugement contient une antinomie : l'ordre est nécessaire ; pour le maintenir il faut être implacable. Anarchie ou massacre ; celui qui accepte l'un ou l'autre est un misérable ; il faut trouver une forme de défense qui sauve l'ordre strictement, avec le minimum de massacre ; ce minimum est tout l'art de penser et d'agir.

CXXI

Lent et lourd en nos jours mauvais, rapide et léger aux instants de joie, le temps est le contraire de l'éternité ; l'un se mesure et l'autre est incommensurable. Par conséquent tout ce qui subit la loi du temps est périssable, tel le corps, telle la partie de notre âme, dédiée aux vanités ; mais notre esprit, qui se transporte sans effort dans le passé et se projette dans l'avenir, est impérissable, car il échappe au temps et il agit en ternaire dans les deux modes de durée.

CXXII

L'éternité, c'est l'unification au présent, du passé et du futur ou bien — ce qui fut et sera, EST.

LE
TRIODOS OCCULTE

I

L'OCCULTE
DU PÈRE OU LA KABBALE

Chaque race humaine conçoit la divinité, selon son propre génie : la révélation vient de Dieu, la figuration vient de l'homme.

Le peuple prétendu élu ne connut pas la Trinité, et son successeur, le Mahométan, la considère comme un polythéisme. Dans les théologies monothéistes, Dieu est toujours le Père : tel que Michel Ange l'a réalisé au plafond de la Sixtine. Vieillard colossal, débrouillant le cahos, père des éléments, du geste ordonnant la vie à Adam et, semblable à un magicien en son manteau, incantant Ève. Ce que Buonarotti a réalisé, c'est bien le Dieu d'Abraham : et le Dieu d'Abraham, c'est Dieu le Père, si unique personne, que le grand Florentin, génie tout hébreu, véritable Moïse de l'Art, n'a pas su réaliser, Dieu le fils, il a rajeuni simplement son Père Éternel.

Rien n'est païen chez Michel Ange : tout y porte l'empreinte de l'Ancien Testament, même les figures qui représentent le Nouveau. Il semble que le génie d'Israël, incapable de dessin et de statuaire, se soit exprimé par le maître de la Sixtine, comme l'âme de la Renaissance italienne échappant au talent sans envergure de l'Arioste et, au génie sans réalité du Tasse, est venu se caractériser dans l'œuvre de Shakespeare.

Israël est le talon d'Achille, à chaque pas de l'église : l'idée juive nie sans cesse l'idée chrétienne.

Dans la seconde version de la loi, Jéhovah dit à Mosché :

« Si le maître a donné une femme à son esclave hébreu et qu'elle ait enfanté, filles ou fils, la femme et ses enfants resteront la propriété du maître. Mais si l'esclave dit : « J'aime mon maître et ma femme ; » on l'approchera de la porte ou du poteau, on lui percera l'oreille avec un poinçon et il sera esclave à jamais. — « Si le maître frappe son esclave, mâle ou femelle, et qu'il n'expire qu'un jour ou deux après, le maître ne sera point puni, car l'esclave est l'argent du maître. »

« Qui sacrifiera à des Elohims autres que le seul Iahvé sera voué à l'extermination. »

Je sais les chrétiens encore plus atroces, la Traite

des nègres a toujours lieu et la Traite des blancs, aux bataillons d'Afrique, dépasse l'horreur mosaïque ; mais on nous donne ces formules de l'Exode comme inspirées du Saint-Esprit et cela est insoutenable et blasphématoire.

Le Dieu des armées, vengeur furieux, aux fléaux et aux malédictions, le Dieu de l'inquisition et le Dieu de l'Espagne, des bûchers et de la torture, le Dieu de la découverte de l'Amérique, le Dieu de Torquemada et de Philippe II, c'est Jéhovah, l'Elohim d'Israël, le Jévohah de loi de Lynch.

Grossièreté incroyable du Mosaïsme et que les révoltes de Job expriment admirablement ; le bonheur est dû au juste en ce monde, puisqu'il n'y en a pas d'autre, pour le peuple élu.

« Et le Seigneur rendit au double à Job tout ce qu'il avait eu, et il eut quatorze mille moutons, et six mille chameaux, et mille couples de bœufs, et mille ânesses. »

Les Patriarches vivent démésurément, parce qu'il n'y a pas de survie ; quand ils meurent, ils vont dormir, à côté de leur père, un sommeil sans rêve.

Que la suprématie d'Amon n'ait pas été officielle avant la XVIIIe dynastie, peu importe, le CXXV^e chapitre du *Rouleau des morts* exprime une doctrine autrement pure et chrétienne que celle du Pentateuque.

Les tares du catholicisme viennent de l'Ancien Testament : c'est la Thora qui a suscité les révoltes spirituelles, puis les ironies.

La création mosaïque n'est qu'une version du récit babylonien, et les 12 patriarches primitifs sont des patésis.

Noë et le déluge se trouvent sur les briques ninivites.

Abraham, le fondateur de la race, l'élu, a une façon vraiment héroïque d'entrer en Miçraïm. Il dit à Sara : « Dis que tu es ma sœur, pour qu'à cause de toi, je sois bien traité et qu'ainsi je conserve la vie. »

Les aggadi, les allégories d'Israël devaient conquérir l'âme de l'Occident et, comme si ce succès inouï ne suffisait pas, tandis que la Thorah s'imposait à tous les fidèles, la Kabbale attirait les plus hauts, les plus rares, les plus indépendants esprits.

Pic de la Mirandole, en ses *conclusions*, Reuchlin en son *art*, Postel, Pistorius, et les Marsile Ficin, et les Lulle et les Kunrath, jusqu'à Eliphas Lévy, Stanislas de Guaïta et Papus.

La Magie comme le Christianisme, s'est basée sur la tradition juive.

Par quelle mystérieuse fatalité ? Israël n'a pour lui, ni l'ancienneté, ni l'excellence, ni rien de légitime dans son rôle éponymal.

Il a profité de l'ignorance où l'on était des autres textes religieux. A quoi le comparer, puisqu'il était unique, et qu'il l'a semblé même encore à Bossuet.

Aujourd'hui, la Gentilité renaît et Israël ne garde plus que son prestige littéraire.

La Kabbale est une tradition hébraïque évidemment très postérieure à la Thorah : prototype hébreu Abraham venait d'Our ; sa culture n'était qu'un reflet de la civilisation kaldéenne, si ce nomade était cultivé ?

Ses fils reçoivent tout, du contact égyptien ; et leur législateur sera un élève de l'Egypte.

Les deux étapes éducatrices n'ont pas porté grand fruit ; Mosché s'absente, il faut un Api d'or.

Dieu est apparu à Mosché : soit, mais on nous a conservé les paroles divines, elles sont très inférieures aux autres paroles divines de Kaldée et de l'Egypte. Il ne faut jamais nier l'assertion de la foi ; Mosché a vu Jéhovah face à face, comme le Pharaon voyait Ammon : tous les Théurges ont vu leurs Dieux. David dansant devant l'arche ne paraît pas plus respectable que le Pharaon présentant l'encens, l'eau et le feu : et quand l'église dit Amen, elle dit *Amon* : mais le Psalmiste lui-même ne s'en souvenait pas, à plus forte raison, l'archevêque de Paris ne s'en doute.

Dix-neuf siècles durant, on a cherché Jésus-Christ dans l'Ancien Testament, et prodige, on l'y a trouvé : les simples et leurs pasteurs voyaient dans le sacrifice d'Abraham, une figure du Calvaire, les subtils, les savants découvraient la métaphysique et la pneumatologie la plus complexe dans cette même Bible, où il n'y a pas l'immortalité de l'âme.

Le Verbe juif a trois étapes, la Thorah, le Talmud et la Kabbale.

La Thorah nous est familière : le Talmud est le fatras le plus extraordinaire qui soit dans la bibliothèque humaine, mais l'esprit en est supérieur à celui du Pentateuque.

Hillel, le Babylonien, qui vivait au temps des prédications du Christ, Akiba, le Taïnite, enfin, Jéhuda, le saint, formèrent cette encyclopédie de la casuistique et de la tradition juive : La Gemara de Babylone est du second siècle :

« Ce monde n'est que le vestibule de l'autre. Tandis que nous sommes dans le vestibule, préparons-nous à entrer dans le salon. » Ceci pourrait être d'un chrétien : on trouve, à côté, cette controverse : si un homme estropié peut sortir avec sa jambe de bois, le jour du sabbat. Le Phylactère est un souvenir de Babylone : le jour du sabbat, il faut une amulette éprouvée, c'est-à-dire qui ait produit trois guérisons.

Le Kamiah, ou morceau de parchemin à inscriptions magiques, guérit beaucoup de maux.

« Si une femme enceinte marche sur une rognure

d'ongle, elle peut avorter, celui qui coupe ses ongles dans un chemin est maudit. »

Et tandis qu'Adam s'amuse avec Lilith, Ève se donne à Samaël.

Il y a les démons de la médecine dont les noms sont phéniciens. Figurez-vous la mixture que peut former, de la casuistique, des superstitions populaires, des maximes de stoïciens, des recettes de sorcellerie et les souvenirs d'un peuple qui a traversé en vaincu en esclave deux civilisations merveilleuses.

Quand il fallut rattacher la Misnah à la Bible, on fit la Gémara, l'une fut élaborée à Tibérias en araméen, l'autre à Syra de Babylone au commencement du ve siècle.

Halaca, Agada, Kabbala; c'est à dire la morale, la légende, enfin, l'initiation.

La Misdrah naît au retour de la captivité de Babylone : Misdrah veut dire étude.

Il y a quatre critériums dans cette étude : P. R. D. S. C'est-à-dire, Peshat — Remès — Derush — Sod — qui signifient : littéralité, insinuation, appropriation, exotérisme.

« La loi a soixante et dix faces » disent les rabbins ; et cela veut dire qu'elle est multiple en ses significations, mais les ingénus n'en chercheront ni soixante-neuf, ni soixante-et-onze : mais bien le nombre écrit.

Quatre hommes entrèrent vivants au paradis (*sous-entendu*) des quatre sens de l'Écriture ; l'un en mourut, le second devint fou, le troisième hérésiarque ; seul, Akiba profita de la faveur et en ressortit sauf.

L'âme juive du *Talmud*, nie celle de la Thorah ; piétinée par la conquête et le malheur, elle est pénétrée par des courants esséniens ou thérapeutiques : elle reproduit les dispositions morales qui sont comme le pressentiment du Verbe chrétien.

« S'il se trouve un homme ou une femme dans le pays que je te donne, allant près d'autres dieux que moi, pour les adorer et les servir : sur la déposition de deux ou trois témoins, tu *le lapideras*. » (Deuteronome, XVII, 2 à 7).

« Quand tu feras le siège d'une ville, tu offriras d'abord la *paix*, si on l'accepte, tout ce qui s'y trouve te sera asservi. Si elle résiste, tu passeras tous les mâles au fil de l'épée et tu prendras pour toi les femmes et les bêtes (id... XX, 10-15). Lorsque les hommes se querelleront, si la femme de l'un d'eux s'avance au secours de son époux et saisit l'adversaire par son sexe, — tu lui couperas la main » (id.).

Ces trois citations ne suffisent-elles à montrer l'*inhumanité* d'Israël.

Et ce n'est plus la même religion, la même âme qui s'exprimera, au Talmud, en ces termes :

— « Celui qui ne se soucie pas des souffrances d'autrui ne vaut pas mieux qu'un meurtrier. »

— « C'est un devoir de secourir les pauvres des autres nations, aussi bien que ceux d'Israël. »

Lorsqu'un gentil vint demander à Hillel de lui expliquer la loi pendant qu'il se tiendrait sur une jambe.

« Ne faites à autrui que ce que vous voudriez qu'on vous fît, » répond le Rabbi.

Les changements ne sont pas brusques et théâtraux dans l'évolution humaine.

On aime à détacher sur un fond neutre ou d'opposition, la figure typique d'un cycle : la Norme procède autrement.

Un événement sentimental pénètre lentement l'atmosphère morale avant de se produire, avant de s'incarner.

Après Jéhudad le saint, les Amoraïm, les Séburaïm commentèrent, opinèrent et le sentiment individuel, bizarre souvent, absurde parfois, se mêla à des légendes des *mille et une nuits* : où David monte sur une licorne, la prenant pour une colline, ou Shamir, le ver de terre, taille les assises du temple pour Salomon, comme les pierres de l'éphod pour Mosché.

Le Talmud n'a, dans ses belles formules, aucun rapport dogmatique ni surtout animique avec la Thorah.

Le Talmud est baroque, mais civilisé, la Thorah est la barbarie et la sauvagerie et surtout la niaiserie métaphysique.

Le témoignage des sens est un arcane du rationalisme : mais le phénomène qui change la qualité d'un objet par la contemplation est connu de tous. Ouvrez les yeux dans l'obscurité avec la volonté de voir et vous verrez des choses extraordinaires : il en est ainsi de l'esprit ; chaque fois qu'un homme s'est entêté à une extrême tension devant un texte, il l'a *surqualifié*, l'augmentant de tout son désir intellectuel.

Tout est dans la Bible, a-t-on dit, et on y a tout trouvé, et ce livre est devenu lumineux du fait de ses lecteurs et enfin on l'a associé à l'Evangile.

Dès lors, Bossuet, Pascal et Racine tireront leurs chefs-d'œuvre du testament juif : toute l'éloquence latine en sera imprégnée et les formules érotiques du Cantique des Cantiques et les vaticinations des nabis, et les scepticismes de *l'Ecclésiaste*, et même de simples proverbes, aussi peu respectables que ceux de l'Almanach, seront dits, inspirés de l'Esprit-Saint et cités à l'égal des paroles de Jésus.

Du livre juif, féroce, matérialiste, obtus, métaphysiquement nul et surtout antithétique à N.-S. Jésus-Christ, des millions, des milliards d'âmes ont reçu la leçon de charité, de réalité et de conformité au Verbe du Calvaire.

Comment cela s'est-il produit ? Comment de vraies vierges ont-elles porté et enguirlandé le phallus hiératique ayant au cœur toutes les pudeurs ?

Comment des moines qui consacraient l'hostie tous les matins, pouvaient-ils, le soir, torturer des hommes dont le seul crime était de prononcer le nom de Dieu, d'une façon différente de la leur ?

Comment le Pape a-t-il laissé massacrer cinq cent mille Arméniens sans bullifier au monde sa protestation ?

Comment les Occidentaux ont-ils accepté cette chose pire que le bagne et la traite, le service militaire ?

Comment les latins sont-ils gouvernés par des hommes dont on ne voudrait pas pour valets ?

Pourquoi ? Parce que la Réalité est un idéal et n'existe pas plus que l'idéal lui-même, que l'homme voit en voyant, c'est-à-dire colore par son propre prisme ce qu'il regarde et que l'inconscience est à la fois, la fatalité et le salut de ce monde.

Il n'est pas de livre plus révoltant que la Bible, pour un chrétien. L'Alcoran qui contient des emprunts à l'Evangile vaudrait mieux : et la chrétienté a été et sera encore un temps édifié et vraiment satisfaite par le verbe des bourreaux du Christ.

Telle l'autorité de l'Eglise que ses erreurs deviennent irréparables ; la main inlassable du temps seule dégagera l'Evangile de sa gangue hébraïque.

Puissé-je y avoir aidé : car la science des religions désormais ne cessera plus son investigation, et cela à la plus grande gloire de Notre-Seigneur Jésus, qui est vraiment Dieu.

Que l'individu se figure le Créateur à sa guise pourvu qu'il l'adore en son cœur, qu'il l'appelle du nom de sa prédilection, pourvu qu'il ne le nomme pas en vain : mais l'Eglise, expression vivante de l'incarnation n'a pas le droit de s'égarer en anthropomorphismes, quand elle enseigne.

Pour elle, Dieu s'est incarné, dès lors, il lui est défendu sous peine du pire sacrilège, de présenter Jésus autrement qu'il s'est présenté lui-même.

Devant l'Evangile et devant l'Eucharistie, Jehovah est l'égal de Allah et l'inférieur d'Ammon et de Brama : tous les traits mosaïques, je les refuse, je les déteste, comme succédanés, comme récents.

J'ai vu à Thèbes, le temple trinitaire au Dieu *Créateur, auteur de tout* ; et les stèles magnifiant, Dieu « existant par lui-même, seul vivant en substance. »

J'ai lu sur le temple de Medinet-Abou.

— « C'est Ra qui a fait tout ce qui est, et rien n'a été fait sans lui, jamais. »

L'Occulte erre à la suite de l'Eglise, la thorah a été l'assise dérisoire de l'Evangile et la Kabbale, le Credo de l'Occulte.

Confiteor ego quia peccavi ; j'ai cru devoir orner *comment on devient Mage* de terminologie rabbinique et le diviser suivant les sephirots et les noms divins et je serais encore à hébraïser, si je n'étais allé en terre hébraïque et si je n'avais conféré avec les derniers et les plus extraordinaires représentants du Mosaïsme.

Eliphas a repris la thèse de Reuchlin, Stanislas de Guaita et Papus l'ont continué, d'abord sur la foi du Tarot, livre essentiellement égyptien, comme les propriétés métaphysiques du nombre sont absolument Kaldéennes.

L'attribution du Sepher Jezirath à Abraham n'est pas même une plaisanterie : puisque la Kabbale est un annexe du Talmud. Ce livre très inférieur au *Poïmandrès* par exemple, est curieux comme théogonie numérique : plus caractérisée, est la littérature du Chariot (Mercavah).

Le Zohar et son double vieillard est une conception égyptienne, hérissée de mensurations compliquées : le macroprosope et le microprosope sont des figurations peu assimilables au génie latin. On a en français le petit synode et le Zenuita, ce sont des doctrines alexandrines hébraïsées.

Le Talmud ne fait pas corps avec la Thorah, ni la Cabale avec le Talmud, ce sont trois emprunts à des pensées étrangères. La lettre alphabétique considérée comme clé idéique, le nombre interprété en idéogramme qui constitue la Clavicule, les noms divins, le quaternaire comme étalon analogique, les sephirats, tout cela forme une sorte d'algèbre extrêmement favorable à une scolastilité qui éblouit plus qu'elle n'éclaire. Que l'intelligence ait cinquante portes et la sagesse trente-deux voies, cela prouve que l'imagination des Kabbalistes s'est modérée ou s'est lassée.

Est-ce à dire que je méconnaisse la valeur de cette méthode ? Elle a été employée par de si hauts esprits, elle a produit de si belles œuvres qu'on lui doit du respect. Mais le commentaire vaut plus que le texte et les effets que la cause ; Eliphas est bien plus lumineux en ses formules que le Zohar ; son génie a merveilleusement criblé le grain kabbalistique et sa version reste supérieure à l'original.

C'est par l'étude de la Kabbale que l'investigation ésotérique a commencé ; mais la Kabbale est une version obscure et trop hébraïsée d'idées et de symboles Kaldéens et Egyptiens.

Le seul bénéfice de notre époque me paraît de pouvoir remonter aux sources, en bien des points d'histoire et de pensée : et c'est l'œuvre du Père, au domaine de l'esprit.

II

L'OCCULTE DU FILS OU THÉURGIE

L'Adoration des Mages n'est pas seulement la pensée consciente venant saluer le Mystère incarné, c'est la renonciation du pouvoir magique devant le grand œuvre de la Rédemption.

Avant Jésus, la Magie était légitime ; après Jésus, elle devient usurpatrice.

L'Agneau de la Suprême Cène a été le dernier sacrifice matériel : le lendemain, l'autel était renversé, car le Dieu qui s'est donné en victime, ne souffre plus qu'un sang animal soit versé, en propitiation après le sien : et l'Eglise, réalisation du Verbe chrétien devait, consciente ou guidée d'En-Haut, faire entrer dans la religion cette puissance qui était venue s'abdiquer au berceau de Jésus, et que Jésus avait implicitement accepté.

Or, la Magie est un sceptre au même titre qu'une

tiare ; Jésus par sa mort réalisait seulement le symbole de la myrrhe ; de vainqueur du trépas.

Sa divinité reconnue, encensée, lui donnait seule le droit au spectre figuré par l'or : et son Eglise devait incarner le pouvoir magique, parce que ce pouvoir est une des puissances constitutives de l'univers.

Le plus grand écrivain latin de l'Occulte, Eliphas Lévy, dans une œuvre posthume, de toute splendeur, intitulé : le *Grand Arcane* ou *l'Occultisme dévoilé*, déclare *urbi et orbi*, ces vérités que j'ai défendues, un des premiers.

« Les anciens rites ont perdu leur efficacité, depuis que le christianisme a paru dans le monde. »

S'ils sont inefficaces, pourquoi les enseigner encore ?

« La religion chrétienne et catholique, en effet, est la fille légitime de Jésus, roi des Mages.

Son culte n'est pas autre chose que la haute Magie, soumise aux lois de la hiérarchie qui lui sont indispensables pour qu'elle soit raisonnable et efficace.

« Un simple scapulaire porté par une personne vraiment chrétienne est un talisman plus invincible que l'anneau et le pantacle de Salomon.

« La Messe est la plus prodigieuse des évocations. Les nécromanciens évoquent les morts, le sorcier évoque le diable et il tremble, mais le prêtre catholique ne tremble pas en évoquant le Dieu vivant.

« Les catholiques seuls ont des prêtres parce que seuls, ils ont l'autel et le sacrifice, c'est-à-dire toute la religion.

« Exercer la haute Magie, c'est faire concurrence au sacerdoce catholique, c'est être un prêtre dissident, Rome est la grande Thèbes de l'initiation nouvelle.

« Elle a pour cryptes, ses catacombes, pour talismans, ses chapelets et ses médailles ; pour chaînes magiques, ses congrégations ; pour foyers magnétiques, ses couvents ; pour centre d'attraction, ses confessionaux ; pour moyen d'expansion, ses chaires et les mandats de ses évêques ; elle a son pape enfin, l'Homme-Dieu rendu visible. »

C'est à propos de l'index frappant le meilleur groupe hermétique que j'ai dû publiquement le quitter, non pas que les décisions de cette congrégation aient pour moi une valeur, mais parce que, elle fut reçue en mauvais termes. On peut confondre l'index, mais il faut vénérer l'Eglise.

On m'a accusé d'inventer la magie au lieu de l'étudier et de faire de la philosophie plutôt que de l'Occulte. Tandis que les traités classiques étaient résumés, expliqués par Papus, pourquoi l'aurai-je doublé dans un office où il excelle : je me suis dégagé des formules scolastiques afin d'être plus clair, plus précis et de ne pas prendre des images pour des notions.

La ~~Vie~~ Suprême contient une ânerie : j'y ai écrit « le Zohar, ce livre qui n'a qu'une page et dont les commentaires chargeraient un chameau ; » c'était en 1880, j'étais jeune on m'avait donné les trente-sept arcanes de Pistorius comme résumé du Zohar.

On s'est moqué aussi d'une expression : la tradition kaldéo grecque.

Or, Abraham, prétendu père de la Kabbale, était natif d'Our, le récit de la création du déluge, la série patriarcale sont de source kaldéenne, la superstition israélite et ses phytactères, ses incantations et sa médecine occulte viennent du Bas Euphrate : et enfin le Talmud, comme la Kabbala, Bereschit et Mercavah, et Hillel, et Akiba, et Philon hellénisent, platonisent et c'est par la langue et l'esprit grec que s'opère la transition de l'hégémonie passant du Sémite à l'Arya. Au sens orthodoxe de l'Occulte, le point de départ est bien kaldéen et le point d'aboutissement est bien grec et je garde mon expression, comme exacte.

Un des plus nobles esprits de la science, unissant à l'étendue des connaissances, une aménité charmante, Barlet, en me faisant l'honneur d'une critique pleine d'éloges sur « comment on devient Mage, » m'a fait parmi des reproches d'exécution qui ont leur vérité, un reproche de doctrine qui mérite une réponse, parce que ce sera Eliphas Lévy en personne qui la fera.

« Le but de l'Adepte, sera de se mettre en communication réelle et immédiate avec l'invisible universel, » a dit Barlet.

J'ignore ce que signifie l'invisible universel : est-ce l'âme cosmique, est-ce la série spirituelle immédiatement supérieure à nous : en sincérité, cette désignation ne concrétise rien. C'est un collectif de force, d'intelligence et de lumière, puisque Barlet explifie que « l'adepte étend sa perception au-delà du zodiaque, aussi loin qu'il peut être permis à l'être humain dans l'infini. »

Comme homme et nature d'esprit, Barlet est le Wolfram d'Eschembach de l'Occulte, noble esprit d'un idéalisme transcendant, mais donc la pensée a plus d'essor que de rigueur.

L'adepte étendra sa perception par une pratique qui sera forcément d'abord une exaltation d'astralité et ensuite une évocation de l'invisible universel ; dans l'esprit de l'écrivain, ce serait la consciente du monde : je cherche à le formuler vainement.

Que pouvons-nous percevoir de l'infini sinon notre conception ?

Communiquer c'est avoir momentanément quelque chose de commun : et qu'y a-t-il de possible entre l'homme corporel et l'invisible : est-ce l'homme qui se spiritualise au point de franchir la série, est-ce l'invisible qui se matérialise à l'appel de l'homme ?

Une mention aussi vague ne permet pas grande critique, il y a bien des êtres-choses dans l'universel invisible qui se précipiteront par instinct évolutif dans le courant de communication ; et pour tout dire, au lieu d'évoquer un mort, comme Apollonius, si on évoque l'indéfini, c'est encore une évocation.

« Une évocation est donc un appel à la Bête et la Bête seule peut y répondre. Ajoutons que pour faire apparaître la bête, il faut la former en soi, puis la projeter au dehors. »

« L'homme qui se décide à une évocation est un misérable que la raison gêne et qui veut agrandir en lui l'appétit bestial afin d'y créer un foyer magnétique doué d'une force fatale. Il veut être un aimant déréglé pour attirer à lui les vices et l'or qui les alimente.

« Les oracles demandés, soit au vertige d'un halluciné, soit au mouvement convulsif des choses inertes, sont aussi des évocations infernales, mais ils demandent seulement quelques conseils à la bête stupide pour servir d'auxiliaires à leur propre stupidité. »

Ces paroles du « Grand Arcane » ne s'appliquent pas, certes, à la conception de Barlet. Mais il est aussi insensé de vouloir faire apparaître l'esprit : l'esprit n'apparaît pas ou bien il n'est plus, en ce moment, l'esprit : il faut donc formuler sa conception et la projeter au dehors, comme fait la dévote qui arrive à voir Jésus et Marie.

L'homme qui se décide à une évocation est quelquefois un mystique, deshabitué de la religion et qui veut réaliser le miracle de la foi par des rites spirituels, qu'il croit tenir d'une tradition vénérable et qu'il invente ; il veut être un aimant d'infinité pour attirer à soi des bénédictions illuminatives qui pleuvent dans la simple pratique catholique.

Ecoutons encore Eliphas Levy en ses pensées définitives.

« Vous savez, enfants, car c'est à des enfants sans doute que j'ai à répondre, que je reconnais l'efficacité relative des formules, des herbes et des talismans. Mais ce sont là des PETITS moyens qui se rattachent aux PETITS mystères.

« Les cérémonies en elles-mêmes sont peu de chose et tout dépend de l'aspir et du respir.

Donc, cela est bien net, tout dépend de l'aspir et du respir : quels seront-ils en face de cette orientation indécise : l'invisible universel ?

Le Mage, c'est Jésus ; il ne sacrifie ni chevreau, ni poule noire, il se sacrifie lui-même : et si on peut devenir Dieu c'est en étant à la fois son propre sacrificateur et sa propre victime.

Oui, Barlet a raison, mon ascèse n'est qu'une formulation d'individualisme, il faut d'abord être ; parvenir à la conscience, et ensuite, comme il le dit, *se consacrer à la marche* tonjours si pénible de la société humaine en jetant dans son sein les germes de ses progrès futurs. »

Donc, le terme de la vraie Magie, c'est la charité, c'est l'imitation de N.-S. Jésus-Christ : et dès lors pourquoi chercher une hénosis vague et flottante, quand l'Eucharistie est là, essence assimilable de l'invisible par excellence puisque Dieu y réside et signe de l'universalité, puisque l'humanité y tient.

L'Eglise catholique réalise la Magie pratique, d'une façon incomparable.

« Avec de l'eau et du sel, elle charme les démons, avec du pain et du vin elle évoque Dieu et le force à se rendre visible et palpable sur la terre ; avec de l'huile, elle donne la santé et le pardon.

« Elle fait plus encore, elle crée des prêtres et des rois. »

La communication avec l'universel invisible n'est-elle pas établie, en haut par les intercesseurs, les médiateurs spirituels, parfaits patrons de notre faiblesse, puissants auxiliaires de notre évolution ; en bas, par les pauvres âmes luttant et peinant dans la vie purgative à qui notre charité peut apporter allègement et même délivrance.

Quelle communication que la communion des saints?

Quoique seul, parmi les occultistes, je puisse me passer de la magie pour avoir une œuvre, je ne le cèle pas : nous avons tous été séduits d'abord par l'esthétique de l'Occulte ; et épris de pittoresque et d'étrange on a souscrit à des amusements de femme nerveuse : on a cherché le frisson — le frisson de l'invisible et de l'au-delà — on a demandé une sensation à l'incorporel.

Les sciences d'observation: Chiromancie, Phygnomonie ne sont pas plus mystérieuses que la physique ou la chimie : mais elles agissent sur l'imagination parce qu'elles sont aimantées de défense, et qu'elles ont été jumelles longtemps des noires pratiques.

D'Arpentigny, qui était seulement Chirognomoniste, qui étudiait la forme seule de la main, non les lignes, s'appelait un sorcier pour les mondains, tant l'attirance est grande vers cette ombre, on espère toujours tricher avec la Norme et satisfaire une manie ou un vice, compendieusement et [impunément.

Toi qui me lis, si tu as commis l'erreur de vouloir opérer les œuvres de magie selon les manuels, crois-moi, disperse ton laboratoire : — le vrai laboratoire c'est toi-même.

C'est ton âme qu'il faut tendre de volonté droite et

de pensées pures, et non une chambre avec des draps de lit.

Que ferais-tu d'un autel, tu n'es que le prêtre de ta curiosité, illégitime, il n'y a pas d'autel sans sacrifice. Quel serait le tien? Il te faut le sang d'un animal pour voir le plus fluide fantôme; as-tu le droit de détruire une merveille vivante, fut-ce une souris, pour l'inepte satisfaction de coaguler quelques larves, méduses de l'atmosphère astrale, gélatine inconsistante et nauséeuse.

Un oratoire, pour prier quel Dieu, quand tu as les églises du Dieu vivant, magnifiques, aimantées!

Que verras-tu dans ton miroir? des grimaces, des courants ironiques parce qu'ils n'obéiront pas?

Avant que ton miroir te montre une tête d'ange de Léonard ou d'Angelico, ou un diable de Michel-Ange, tu peux regarder : espères-tu que le hasard va mieux faire que le génie? Que verras-tu donc dans ton miroir : sinon la vision que tu y projettes ou le reflet de l'informe qui flotte et passe.

Quand tu dirigeras le rayon de la lampe à réflecteur sur une fumée immobile à force de densité; quand ton réchaud vaporisera les aromates du jour, et que tu auras dit Agios, Athanatos, Beron, Ciel, Dedolois ou Eros, Poros, Oudis, Molis ou Raminagrobis : que se passera-t-il? Qu'espères-tu? Voir? Quoi? L'invisible universel.

Je serais curieux d'un graphisme, quel qu'il fût.

Personne, grand ou petit, n'a osé écrire une formule résultant des cérémonies magiques : on a raconté des scènes à l'Edgar Poë, on a noté des sensations, on a fait une page de littérature sur cette tentative de luxure.

Car c'est une luxure extraordinaire que le prurit de l'occultisme, on veut que l'inconnu se montre, que l'insensible vous impressionne. C'est la voie de la folie et du crime, et non celle de la lumière.

Saint François était certes un thaumaturge ; comment ? il aimait son Dieu, et les œuvres de son Dieu.

La seule évocation qui soit possible est l'évocation d'amour : je ne dis pas qu'elle soit permise, je la dis possible, sans m'en expliquer. Toutefois, il ne faut entendre que la reine de Saba viendra à cloche-pied, ou Cléopâtre avec le pschent, ni même Mme Récamier : il faudrait les forces d'une passion longuement vécue et doublement ardente ; il faudrait que la volonté de l'opérateur rencontrât dans l'astral l'identique vouloir.

Eliphas Lévy, auquel il faut toujours en revenir, puisqu'il a restauré la magie cérémonielle, raconte le négatif résultat de son évocation.

Il vit une figure drapée et triste, et s'évanouit. « Il lui sembla que les questions qu'il n'avait pu lui faire, s'étaient résolues d'elles-mêmes dans son esprit : cela se bornait à savoir qu'une personne était morte et que deux autres resteraient séparées.

Malgré le respect profond que j'ai pour Eliphas, comment a-t-il pu croire que cet Apollonius qu'il appelle divin se soit dérangé de sa béatitude pour venir répondre à des interrogations seulement passionnelles.

En renouvelant les expériences, il eut un résultat : la révélation de deux secrets kabbalistiques, fait explicable par son propre génie et l'état de tension intellectuelle où il se trouvait.

La Rédemption a tout changé dans l'ordre religieux, parce qu'elle réalisait le grand œuvre magique de l'humanité. Elle opéra d'une façon permanente l'union de la créature au créateur, et par là fut accompli tout ce qui était légitime de l'Eros.

L'Eucharistie est tout le christianisme ; et par elle le Christianisme est devenu la magie vivante.

Depuis Jésus, il y a encore des sorciers : il y a plus de mages.

III

L'OCCULTE DU SAINT-ESPRIT
OU MAGIE ABSTRAITE

Création et Rédemption sont les mots usuels de mystères acceptés et relativement compris : mais sanctification a-t-il un sens, pour le commun des esprits ?

L'acte de sanctifier consiste à ramener un être à Dieu, à harmoniser le relatif à la cause : la prière sanctifie et le sacrement aussi : mais recherchons ce que l'Eglise attribue au Saint-Esprit.

Il y a bien tout dans l'Ancien Testament et cependant on n'a pu y trouver un mot qui, torturé ou interprété abusivement, put s'appliquer au Saint-Esprit : cela n'empêche pas le Concile de Trente de lancer l'anathème, si on dit que le Saint-Esprit n'a pas inspiré cette Bible ou son existence est niée par la profession d'un Dieu unipersonnel.

L'Ange Gabriel parle le premier du Saint-Esprit à

la Vierge ; Jésus promet aux apôtres de leur envoyer l'esprit consolateur, il leur ordonne de baptiser au nom des trois personnes. Dans les Actes, il est parlé des dons.

Le *Filioque procedit* ou spiration a été le prétexte de Photios et de Cérularius, il est évident qu'il y a là développement dans l'énonciation du dogme et non changement.

L'esprit, spiration réunie du Père et du Fils, s'appelle, en théologie, Amour : et dès lors les œuvres de justice du Père et les œuvres de souffrance consentie du Fils ne sont pas les siennes propres : non pas que l'amour n'ait sa manifestation dans la miséricorde part constituante de la justice, et dans le dévouement ; mais il s'agit de particulariser les personnes divines, et ce n'est pas attenter aux autres que de rechercher la spécialité de chacune : égales en essence, elles diffèrent en activité.

Avec le Père, on mérite ; avec le Fils on conquiert, le Saint-Esprit donne. Ces appropriations sont de saint Thomas.

Lacuria, dans ses Harmonies de l'Etre, est le plus éminent théologien du Saint-Esprit. Bossuet, en son Elévation, ne satisfait pas, il veut tirer de l'homme une identité qui est vraie de la constitution humaine et fausse de son activité.

« J'ai vu en moi ces trois choses, être, entendre,

vouloir ;... Si je ne voulais et n'entendais éternellement que la même chose, je n'aurais aussi qu'une seule connaissance et un seul vouloir. Cependant ma connaissance et mon amour n'en seraient pas pour cela moins distingués entre eux, ni moins identifiés... Et mon amour et ma volonté ne pourraient pas venir de ma connaissance ; et mon amour serait toujours une chose que je produirais en moi-même et je ne produirais pas moins ma connaissance, et toujours il y aurait en moi ces trois choses : l'être produisant la connaissance, la connaissance produite et l'amour aussi produit par l'un et par l'autre. Et si j'étais une nature incapable de tout accident survenu à ma substance et en qui il fallût que tout fût substantiel, ma connaissance et mon amour seraient quelque chose de substantiel et de subsistant et je serais trois personnes subsistantes dans une seule substance, c'est-à-dire je serais Dieu : Je suis seulement à l'image et ressemblance de Dieu et un crayon imparfait de cette unique substance qui est tout ensemble, Père, Fils et Saint-Esprit. »

Heureusement que cette page porte la plus grande signature de la langue française, sinon on ne la citerait pas.

L'homme a la faculté de concevoir Dieu ; lorsqu'il le conçoit vraiment, il lui dédie sa volonté et l'amour procède ainsi de la faculté et de la volonté. Dieu le

Père est faculté, Dieu le fils est volonté et Dieu le Saint-Esprit réalise les deux en Amour et dès lors la spiration s'éclaircit : pouvoir, vouloir et faire : pour faire, il faut également avoir puissance et volonté. La volonté est générée par la puissance et à elles deux génèrent l'amour.

Humainement, je me meus et je meus selon mon vouloir et mon vouloir se détermine par mon amour ou attraction. Donc, en sa manifestation, la Trinité se nommerait, pouvoir, vouloir, aimer : le Fils est la volonté du Père et l'Esprit est l'amour des Deux.

Nous distinguons aisément ce que nous pouvons de ce que nous voulons ; mais comment distinguer ce que nous voulons de ce que nous aimons : voilà où la formule pécherait et cependant cela est distinct dans la Trinité.

Per spiritum sanctum semetipsum obtulit, l'incarnation est l'apparition personnelle de l'Esprit, on ne le reverra qu'à la Pentecôte, chose singulière, sous une forme animale ou élémentaire, rayon ou colombe : « Viens, rayonne, dit la liturgie. Donneur de présents, lumière des cœurs et enfin le « Da perenne gaudium ».

Il est donc la joie finale et éternelle, il est donc la sainte ivresse ; et son salut se présente plus vermeil que la rigueur du Père, que l'expiation demandée par le Fils ; la pensée hésite ; toute expression est si petite, surtout si inexacte et cependant le devoir de l'homme est de comprendre.

Le Verbe est immortel, mais sa forme, son expression, son corps meurent : malheur à celui qui enferme une idée dans un cadavre, ce cadavre, fût-il hiératique comme ceux que l'Egypte nous a légués, sera une prison pour l'idée.

Il y a deux formes idéologiques : les unes comme le Pentagramme, des sortes blasons doctrinaires qui n'ont servi qu'aux individus ; les autres sont des rites, qui jadis incarnèrent une race ou un peuple.

La forme spirituelle est peu aimantée. Celui qui la rénove la viole par la différence significative d'aujourd'hui avec les intentions d'autrefois.

L'ancienne forme religieuse est comparable à un temple dont le sol est près de s'abîmer dans la crypte, dont la voûte fléchit, dont les colonnes oscillent : et quel insensé y viendra célébrer ses mystères ? Les symboles meurent : et le grand mot révélation signifie une symbolisation nouvelle des éternelles vérités.

Le Saint-Esprit étant le Dieu amorphe, son initiation sera plus abstraite que celle des deux autres personnes, nullement formaliste et réduite à l'essentiel. De plus, il est dans la propriété de l'amour unifié avec l'intelligence de tout pénétrer et de se produire là où on ne l'attendrait point.

Tout le sacré mêlé au profane relève du Saint-Esprit : il est la personne littéraire et esthétique, l'enchanteur, l'Eros antique du discours de Diotima, si j'ose dire, mais l'Eros-Dieu unique, l'Absolu du désir : ainsi les hymnes liturgiques le conçoivent. Villiers a dit : « Tout être ne se constitue que de son vide, » ou de son manque, ou de son Eros; ce qui équivaut à cette autre formule « Tout être se constitue de son appétence.

Le génie qui semble réaliser l'initiation de l'Esprit est le grand néo-Platonicien Plotin, rationnel comme Aristote, hardi comme saint Denys, mystique par l'essor, philosophe par la présentation.

« Quand les gnostiques — dit-il — prononcent des paroles magiques, et qu'ils les adressent, non-seulement à l'âme, mais aux principes qui lui sont supérieurs, que veulent-ils ? les enchanter (gœtiser) les charmer, les toucher, répondront-ils : Ils croient donc que ces êtres divins nous prêtent l'oreille et qu'ils obéissent à celui qui prononce ces sons auxquels ils attribuent une puissance magique.

« La magie est fondée sur l'harmonie de l'univers ; elle agit au moyen des forces qui sont liées les unes aux autres par la sympathie.

« Les enchantements agissent sur la partie irrationnelle de l'âme, on leur résistera par d'autres enchantements.

« Tout être qui a quelque relation avec un autre

être, peut être ensorcelé par lui, il n'y a que l'être concentré dans l'intelligible qui ne puisse être ensorcelé. »

Ainsi ce grand maître s'élève contre la magie cérémonielle et n'en contaste la puissance que dans le mal : en même temps, il énonce un point d'importance, que le métaphysicien est inenvoutable. Le monde intelligible, ce sommet défie le fluide de la haine.

Les hypostases néo-platoniciennes éclairent singulièrement le dogme de la Trinité.

Le premier principe est créateur ; le second est conscience ! enferme tout objet et la pensée même, et, se pensant, il génère les idées, non pas celles immobiles, entités verbales de Platon ; mais les idées actives, les Archétypes agissants ou essences intelligibles. Le troisième s'appelle l'âme du monde, l'uranienne et la dynamique, cette âme est la puissance sanctifiante.

Comment suivre son action et la décrire ? Elle apparaît avec plus de richesse aux matières humanistes qu'aux sacrées. La conversion de l'école de Dusseldorff au catholicisme, le sens profondément religieux de l'œuvre de Balzac en sont des exemples.

Dans l'autre sens, l'avilissement de l'art contemporain depuis qu'il a perdu tout mysticisme; l'ignominie résultant de l'instruction laïque et enfin la démocratie méconnaissant ses intérêts de ce monde, comme elle a méconnu ceux de l'autre.

Aimer la vérité, aimer la beauté, c'est marcher vers la sanctification. Le Saint-Esprit aime l'amour dans l'homme, il le bénit, qu'il s'appelle gnose, orthodoxe, science ou art. Aucun enthousiasme élevé qui ne le trouve indulgent, car il est amour, il est l'âme du monde spirituel et l'admiration est sa forme préférée de la prière.

La divine colombe se pose sur le front des génies et sur le cœur des saints, c'est même et sublime chose qu'une perfection de la pensée ou une perfection du cœur; on a séparé ces puissances idéales, qui sont les deux ailes divines : idéalité et charité, pensée et amour.

On m'a reproché de multiplier les définitions d'un même objet et d'en donner sept différentes de la magie dans un seul traité. A ces répétitions lassantes, je suis forcé.

L'Occulte est une théorie qui a la religion pour pratique légitime, voilà ce que j'ai voulu établir. Le Saint Concile de Trente peut me faire rétracter une proposition écrite; car l'Eglise a des droits et des devoirs de police spirituelle : les vérités mentent dès qu'elles sont néfastes, car le but de la vérité est le bien et qu'est-ce qu'une chose qui nie son objet?

Une vérité devient un mensonge par le défaut de

l'énonciation, les discours qui l'environnent et même par le temps et le lieu où elle se produit.

La pensée exprimée est un acte et lorsqu'on appartient à une obédience verbale, on lui soumet ses actes ; mais ma pensée conçue ne relève pas des canons.

Il y a des règles pour vivre, écrire et parler ; il y en a aussi pour penser, mais nul au monde n'a qualité pour les formuler et les exiger.

Quand je lis, dans Saint Thomas, que Sathan, le père du mensonge, fait ceci ou cela ; je passe.

Mais quand je lis dans la quatrième session, tenue 8 avril 1546 : que Dieu est l'auteur de l'Ancien comme du Nouveau Testament : *cum utruisque unus Deus sit auctor* et que je dois les vénérer d'une égale piété *pari pietatis affectu*, je ne passe pas, parce que mon devoir est de résister. Dieu auteur des Proverbes et d'un Epithalame, Dieu plagiaire de l'Assyrie et de l'Egypte, Dieu émule de Mohamed ! *Anathema sit* dit le Concile. Il ne le dirait plus. Le Concile ne savait pas l'histoire et ne connaissait aucun texte d'Orient, il a canonisé l'Ancien Testament parce qu'il ne savait pas ce que c'était : l'intention était bonne, mais la compétence imparfaite ; c'est une erreur d'époque qui se prolonge en routine d'enseignement.

Vraiment, on aurait pu faire une différence entre la parole du Christ et celle de Moïse : c'est-à-croire qu'ils n'avaient jamais lu les Testaments dans un sens d'analyse, ils en avaient tiré des textes et ronronné le reste comme des chantres, en été.

Si j'ai choisi cette décision du Concile de Trente pour la repousser, c'est afin de montrer que la formule d'occulte catholique, donnant à la religion toute la vie pratique, réserve à l'intelligence l'entière liberté de sa raison.

Les simples sont respectables, sacrés même, mais les simples se signeront ; et le Saint-Esprit est encore plus sacré.

Je l'adore et ne puis souffrir qu'on lui attribue les sauvageries, les inepties et surtout les antéchrismes de Mosché.

Le Pape seul est infaillible ; qu'il parle et je me dédirai ; mais le Pape ne bullifiera jamais l'inspiration divine de la Thorah hébraïque ; quant aux congrégations, elles sont trop sages pour risquer une censure qu'il faudrait légitimer par des livres répondant à des livres et où la culture universelle serait le témoin du débat.

Le catholicisme est contenu au Credo et il n'y est pas question de Jéhovah ou de Juda. Des esprits peu réfléchis ont été désorientés par l'infaillibilité du pape, dogme magique et admirable qui annule les tracasseries qu'un zèle ignorant susciterait à la pensée et à l'étude.

Quand je fais profession d'être chrétien, je fais acte de foi à la Trinité et non à Allah-Jéhovah, je me destine au Paradis et non au Schéol, j'accepte pour livres sacrés les Evangiles ; mais tout ce qui n'est pas né de la mort de mon Sauveur ne s'adresse pas à ma foi. Je crois au Christ et à l'Eglise ; mais je ne crois pas à Mosché, ni à la Thorah, parce que je sais vingt autres Mosché et vingt autres Thorah.

L'Occulte est le domaine de vraie libre pensée, à condition d'observer ce qui est des actes et qui ne peut être libre. Il faut obéir en ses mœurs pour avoir le droit de sa toute intelligence.

Je n'ai, certainement, satisfait ni les catholiques qui ne comprendront pas mes revendications de libre recherche spirituelle ; ni les occultistes qui n'admettront pas que j'aie renié la magie pratique.

Mais est-ce la mission de l'écrivain de satisfaire autre que l'Esprit ? Si, par ce livre, un seul occultiste va à la messe et à la Sainte-Table ; si, par ce livre, un seul dévot va à l'occulte et à sa grande aération d'idée, j'aurai fait deux bonnes actions : et cela suffit pour compenser les fausses lueurs qui scandaliseront quelques-uns.

Madame la Vierge me fera tout pardonner parce

que j'adore d'une adoration sans expression, sans comparaison et sans borne, son divin Fils.

Et le Saint-Esprit daignera peut-être bénir une chevalerie d'idée, qui a pu se tromper, mais non pas sur le désir immense, de le magnifier et d'ouvrir les esprits à son infinie lumière, que j'ai cherchée avec enthousiasme et que je désirerai éternellement.

TABLE DES MATIÈRES

ÉLENCTIQUE . . . .
COMMÉMORATION DE STANISLAS DE GUAITA. 1
INTRODUCTION 1

SEPTENAIRE DE

I. INTROIT 17
Arcane du microcosme 33
II. KYRIE 37
Arcane du macrocosme. 57
III. GLORIA 61
Arcanes de l'analogie. 73
IV. OREMUS 77
Arcanes de Psychurgie 95
V. EPISTOLA 99
Arcanes de pentagramme 116
VI. GRADUALE. 119
Arcanes de hiérarchie. 136
VII. EVANGELIUM 139
Arcanes du septenaire. 151

LE CREDO

Commenté selon l'Occulte.

I. LA CRÉATION 157
Arcanes de la création 167

II. LA RÉDEMPTION. 169
   Arcanes de la Rédemption. 182
III. LA SANCTIFICATION. 185
   Arcanes de la sanctification 195
IV. L'INVOLUTION 197
   Arcanes de l'involution 204
V. L'ÉVOLUTION 207
   Arcanes de l'évolution. 214
VI. LA RÉINTÉGRATION. 217
   Arcanes de la réintégration. 224
VII. LA JUSTIFICATION 227
   Arcanes de justification 234
VIII. L'INSPIRATION 237
   Arcanes de l'inspiration. 244
IX. L'ÉGLISE. 247
   Arcanes de l'Eglise. 254
X. L'EXPIATION. 257
   Arcanes de l'expiation 264
XI. LA RÉSURRECTION 267
   Arcanes de la résurrection. 274
XII. LA VIE ÉTERNELLE. 277
   Arcanes du temps 282

LE TRIODOS OCCULTE

I. L'OCCULTE DU PÈRE OU KABBALE 287
II. L'OCCULTE DU FILS OU MAGIE CATHOLIQUE . . 302
III. L'OCCULTE DU SAINT-ESPRIT OU MAGIE ABSTRAITE. 313

Amphithéâtre des Sciences Mortes

I. — ÉTHIQUE
COMMENT ON DEVIENT MAGE
1 vol. in-8 de xx-308 pages à 7 fr. 50

II. — ÉROTIQUE
COMMENT ON DEVIENT FÉE
Un volume in-8 à 7 fr. 50

III. — ESTHÉTIQUE
COMMENT ON DEVIENT ARTISTE
Un volume in-8 à 7 fr. 50

IV. — POLITIQUE
LE LIVRE DU SCEPTRE
Un volume in-8 à 7 fr. 50

V. — MYSTIQUE
L'OCCULTE CATHOLIQUE
Un volume in-8 à 7 fr. 50

LES XI CHAPITRES MYSTÉRIEUX

du Sépher Bereschit, mission rosicrucienne par SAR PELADAN, un vol. carré sur papier solaire, Librairie de l'Art Indépendant. . . . . 3 fr.

CONSTITUTIONS DE L'ORDRE LAIQUE
LA ROSE † CROIX
DU TEMPLE ET DU GRAAL

Un vol. format des anciens eucologes, imprimé en bleu sur papier solaire, avec couverture dessinée rose et noir et repliée, 72 pages. Par la poste, 1 fr. 50.

Oraison funèbre du docteur Adrien Péladan (au Bulletin)
. . . . 1 fr. »
Oraison funèbre du chevalier Adrien Péladan . 1 fr. 50

LA DÉCADENCE LATINE
Éthopée
EN 14 ROMANS

- I. — LE VICE SUPRÊME, 1884, préface de J.-B. d'Aurevilly.
- II. — CURIEUSE, 1885.
- III. — L'INITIATION SENTIMENTALE, 1886.
- IV. — A CŒUR PERDU, 1887.
- V. — ISTAR, 1888.
- VI. — LA VICTOIRE DU MARI, 1889.
- VII. — UN CŒUR EN PEINE, 1890.
- VIII. — L'ANDROGYNE, 1891.
- IX. — LA GYNANDRE, 1892.
- X. — LE PANTHÉE, 1893.
- XI. — TYPHONIA, 1894.
- XII. — LE DERNIER BOURBON, 1895.
- XIII. — FINIS LATINORUM, 1898.
- XIV. — LA VERTU SUPRÊME.

LA QUESTE DU GRAAL
PROSES
Choisies de X romans de l'ÉTHOPÉE
LA
DECADENCE LATINE DU SAR PELADAN
AVEC UN PORTRAIT DU SAR ET DIX COMPOSITIONS HORS TEXTE
Par SÉON

1 vol. petit in-8, couverture illustrée en couleur

LA DÉCADENCE ESTHÉTIQUE

HIÉROPHANIE

I à IV. L'Esthétique au Salon de 1881-84 (1 vol. in-8°), 7 fr. 50, premier tome de l'arochlocratique, avec portrait.

V. Félicien Rops (épuisé).

VI. L'Esthétique au Salon de 1884 (l'*Ariste*).

VII. Les Musées de Province.

VIII. La Seconde Renaissance Française et son Savonarole.

IX. Les Musées d'Europe, d'après la collection Braun.

X. Le Procédé de Manet.

XI. Gustave Courbet.

XII. L'Esthétique au Salon de 1885 (*Revue du Monde Latin*).

XIV. L'Art Mystique et la Critique Contemporaine.

XV-XVI. Le Salon de Peladan, 1886-87 (Dalou).

XVII. Le Salon de Peladan, 1889.

XVIII. Le Grand Œuvre, d'après Léonard de Vinci.

XIX. Les Deux Salons de 1890, avec trois mandements de la R. † C. (Dentu).

XX. Les Deux Salons de 1891.

XXI. Règle et Monitoire du Premier Salon de la R. † C.

XXII. Les Deux Salons de 1892.

XXIII. Règle du Second Salon de la Rose † Croix.

XXIV. Les Trois Salons de 1893 (Bulletin de la R. † C.)

Introduction à l'histoire des peintres de toutes les écoles, depuis les origines jusqu'à la Renaissance, avec reproduction de leurs chefs-d'œuvre et pinacographie spéciale, in-4°, format du Charles Blanc. Parus : L'*Orcagna* et l'*Angelico* . 5 fr.

Rembrandt, 1881 (épuisé).

L'ART IDÉALISTE & MYSTIQUE

Doctrine de la Rose † Croix

1 volume in-18, CHAMUEL, 3 francs 50, 1894

THÉATRE DE LA ROSE ✝ CROIX

LE PRINCE DE BYZANCE
Drame wagnérien en 5 actes

LE FILS DES ÉTOILES
Wagnérie en 3 actes

BABYLONE
Tragédie en quatre actes, in-4, 1894. — Chamuel

La Prometheide, triologie d'Eschyle, restituée en son entier par Le Sar Peladan avec un portrait en taille douce. Second volume du théâtre de la Rose ✝ Croix. In-4° couronne . . . . 5 fr.

SÉMIRAMIS
Tragédie en 4 actes

ORPHÉE
Tragédie

LE THÉATRE DE WAGNER
Les XI OPÉRAS, scène par scène
Un volume in-8°, CHAMUEL, Paris

LE MYSTÈRE DU GRAAL
En 5 actes

LE MYSTÈRE DE ROSE ✝ CROIX
En 3 actes

ŒDIPE & LE SPHINX
Tragédie-Prologue d'Œdipe-Roi

En préparation

LES IDÉES
ET
LES FORMES

Terre du Christ.
Terre de Mosché.
Terre d'Orphée.
Terre du Sphinx.
Terre d'Islam.

SAINT-AMAND (CHER). — IMP. DESTENAY, BUSSIÈRE FRÈRES

www.ingramcontent.com/pod-product-compliance
Lightning Source LLC
Chambersburg PA
CBHW072017150426
43194CB00008B/1152